Bibliografische Information der Deutschen Nationalbibliothek
Die Deutsche Nationalbibliothek verzeichnet diese Publikation in der Deutschen Nationalbibliografie; detaillierte bibliografische Daten sind im Internet über http://dnb.d-nb.de abrufbar.

ISBN 978-3-86506-797-5

Einbandgestaltung: Brendow Verlag, Moers
Titelfoto: fotolia@Schlierner, fotolia@dmitrimaruta
Druck und Verarbeitung: CPI – Clausen & Bosse, Leck
Printed in Germany

www.brendow-verlag.de

Adrian Plass
Tagebuch eines angeschlagenen Chaoten
Getragen in schweren Zeiten

Aus dem Englischen von Christian Rendel

Brendow
Verlag | Alles, was Sinn macht!

WIE ALLES BEGANN

Es ist doch eigentlich seltsam: Als Schriftsteller bin ich wahrscheinlich am ehesten für meine fiktiven humorvollen Tagebücher bekannt. Dabei habe ich in meinem ganzen Leben nie tatsächlich Tagebuch geführt. Warum nicht? Nun, ein Grund ist, dass ich genau weiß, dass ich irgendwann versuchen würde, meine Leser zu unterhalten, wer immer sie sein mögen, und das ist eindeutig nicht der allgemein anerkannte Zweck eines Tagebuchs. Ich schätze, unter dem Strich läuft es zudem darauf hinaus, dass ich als einziger potenzieller Leser meiner Werke mich selbst nicht interessant oder anregend genug finde.

Das Einzige, was entfernte Ähnlichkeit mit dem Schreiben eines Tagebuchs oder Journals haben könnte, ist der monatliche Brief, den ich seit Januar 2014 auf meiner leidgeprüften Website schreibe. Dazu hatte ich mich aus zwei Gründen durchgerungen. Erstens, weil meine Frau fand, das sei eine gute Idee; eine einfache Möglichkeit, mit allen in Kontakt zu bleiben, die sich dafür interessierten, ein wenig darüber zu hören, was sich in unserem Leben tut. Das sagte sie mehrere Male. Sogar etliche Male. Wenn Bridget etwas für eine gute Idee hält, dann ist es oft auch eine. Der andere Grund hat mit Furcht zu tun.

Solange das Leben seinen gewohnten Gang ging, ungestört von größeren persönlichen Katastrophen, hielt ich es nie für nötig, es auf Schritt und Tritt genau unter die Lupe zu nehmen oder zu dokumentieren. Doch wenn das Grauen über unseren Weg hereinbricht, scheint alles langsamer zu werden. Zeiten des Friedens werden zu etwas Bemerkenswertem. Das bewirkt die Furcht. Ich will euch ein wenig darüber erzählen, wie ich Furcht erlebe.

Wie den meisten von uns ist mir Furcht nicht ganz fremd. Einmal habe ich sogar ein Buch über all die Dinge geschrieben, die mir Angst machen. Das war keine leichte Aufgabe, vor allem, weil mir noch gar nicht klar gewesen war, was für eine außerordentliche Vielfalt von Ängsten ebenso Teil von mir waren wie meine Arme und Beine. Es ist nicht viel leichter oder weniger blutig, sich eine chronische Furcht abzuschneiden, als sich einen Arm oder ein Bein zu amputieren. Jesus sagte, es wäre besser, mit nur einer Hand oder nur einem Auge in den Himmel zu kommen, als ganz draußen bleiben zu müssen. Diese erschreckend eindrückliche Metapher hatte ich nie vollkommen verstanden, bis mich das Schreiben jenes Buches dazu zwang, mich eingehend damit zu beschäftigen, wie sehr manche Infektionen des Grauens sich in meinem Denken und Fühlen eingenistet hatten. Wir bestehen aus Schatten und Licht.

Natürlich meint Jesus die Sünde, wenn er davon spricht, sich Augen herauszureißen und Glieder abzuhacken. Ich rede von Furcht, und Furcht an sich ist keine Sünde. Oder wenn, dann hätte auch Jesus sie einige Male begangen, und wir müssten unsere ganze theologische Sichtweise verändern. Nein, wir kommen um solche Zeiten der Dunkelheit nicht herum, und niemand, jedenfalls ganz bestimmt nicht Gott (und höchstens eine kleine Zahl sonderbarer Christen) wird uns dafür verurteilen. Die Frage ist für uns dieselbe, vor der auch Jesus stand. Wie wehren wir die Versuchung ab, uns durch die Furcht von der wichtigen Aufgabe abhalten zu lassen, nur das zu tun, was wir den Vater tun sehen?

Diese Frage lässt sich nicht mit einem jener scheußlichen frommen Sprüche beantworten, die uns keinen Schritt weiterhelfen. Mag ja sein, dass die vollkommene Liebe die Furcht austreibt, aber wenn diese Ansammlung von Wörtern als Etikett herhalten muss, das wir auf etwas kleben, was wir nicht einmal ansatzweise verstehen, dann nützt uns das nicht viel, oder? Im Garten Gethsemane, so wird uns berichtet, hat Jesus gesagt: „Mein Kummer ist so groß, dass er mich fast erdrückt." Wir reden von den härtesten Herausforderungen in den härtesten Situationen.

Ja, die Furcht war mir wohl bekannt. Aber im Herbst 2013 passierte mir etwas, was mir neu war. Ich hatte noch nie wirklich mit der Furcht vor dem Tod gerungen. Natürlich war mir wie den meisten von uns Menschenwesen klar, dass einst, wenn mein langer Strom unaufhörlicher Sorgen endlich dünner wird und versiegt, eine bärtige Gestalt mit einer langen Sense in der Hand mich höhnisch grinsend heranwinken wird, um mein Schicksal zu besiegeln, aber die Freuden und Verzweiflungen des Lebens hatten mich davon abgelenkt, mich zu sehr damit zu beschäftigen (vielleicht hatte ich der Scheu davor auch einen geistlich respektableren Anstrich gegeben). Jesus sagt über die allgegenwärtige menschliche Angst vor dem Tod Folgendes:

Fürchtet euch nicht vor denen, die den Leib töten, die Seele aber nicht töten können, sondern fürchtet euch vor dem, der Seele und Leib ins Verderben der Hölle stürzen kann.

Verkauft man nicht zwei Spatzen für ein paar Pfennig? Und doch fällt keiner von ihnen zur Erde ohne den Willen eures Vaters.Bei euch aber sind sogar die Haare auf dem Kopf alle gezählt. Fürchtet euch also nicht! Ihr seid mehr wert als viele Spatzen.

Matthäus 10, 28-31 (Einheitsübersetzung)

Enttäuschung ist eines der traurigsten Dinge auf der Welt. Bridget und ich haben schon unzählige Male mit Christen geredet und gebetet und gelitten, die enttäuscht sind von dem Gott, der so viel zu verheißen schien, um sie dann verwirrt und verletzt sich selbst zu überlassen; wie Kinder, die von ihren Eltern im Stich gelassen werden. Eben diesem enttäuschenden Gott danke ich dafür, dass sie sich bei uns sicher genug fühlen, um solch tiefe Not des Schmerzes und der Verwirrung in Worte zu fassen. Paradoxerweise scheint er mittendrin zu stecken in diesen schrecklichen, merkwürdig wunderbaren Begegnungen mit dem gefährlichen Ding, das wir Wahrheit nennen.

Dazu gleich noch mehr. Ich wäre kürzlich beinahe dem Tod begegnet. Wie ist es mir flackerndem Spatz bei der Aussicht ergangen, in den Abgrund zu stürzen?

Wie es anfing, war fast lustig. Fast. Ich ging zu einem Optiker in der High Street (zu dem, zu dem jeder „hätte gehen sollen“, wie es in einer berühmten Werbekampagne in unserem Land heißt). Eigentlich wollte ich nur eine Brille. Ich litt unter Doppelbildern und einer Sehschwäche in einem Auge. Die Dame, die mich bediente, ließ an Effizienz nichts zu wünschen übrig. Sie fuhr alle möglichen technischen Errungenschaften des Raumfahrtzeitalters auf und führte einen Test nach dem anderen durch. Freilich kam es mir so vor, als ob sie sehr lange brauchte, um ihre Untersuchung abzuschließen. Vermutlich war sie einfach nur gründlich, dachte ich. Das war sie auch, aber es ging ihr nicht darum, mir die richtigen Brillengläser anzupassen.

Nach einer dreiviertel Stunde war sie mit ihren Tests fertig und sah mich ernst an.

Um das Schweigen zu überbrücken, fragte ich jämmerlich: „Kriege ich jetzt eine Brille?“

„Nein“, erwiderte sie, „ich gebe Ihnen kein Brillenrezept. Ich überweise Sie sofort in die Augenklinik.“

Warum, wollte sie nicht sagen.

Keine zwei Tage später wurde ich von jemandem, der sich als Optometrist vorstellte, noch einmal ebenso gründlich durch die Testmühle gedreht.

„So“, verkündete er schließlich ernst, nachdem er dieselbe Testreihe noch einmal durchgeführt hatte. „Ich überweise Sie sofort an eine Ärztin hier in der Augenabteilung.“

Warum, wollte er nicht sagen. Allmählich machte ich mir Sorgen.

„Soll ich mir am Tresen einen Termin geben lassen?“

„Nein, Sie können gleich zu ihr gehen.“

„Gleich – okay.“

In einem Sprechzimmer am Ende des Korridors wurde ich noch einmal untersucht, diesmal von einer Ärztin.

„So“, sagte sie, als sie mit ihrer Untersuchung fertig war. „Ich überweise Sie sofort an einen Spezialisten.“

Um eine kurze Geschichte noch kürzer zu machen: Der Spezialist überwies mich sogleich in die MRT-Abteilung, um mein Gehirn scannen zu lassen.

„Können wir damit nicht noch eine Woche warten?“, erkundigte ich mich zitternd. „Meine Frau und ich sollen kommende Woche in Wales eine Freizeit leiten.“

„Die müssen Sie absagen“, sagte er.

Immer noch keine Rede davon, was eigentlich mit mir nicht stimmte, aber offensichtlich vermutete man so etwas wie einen Hirntumor. Wir sagten Wales ab. Die Leute waren sehr verständnisvoll. Der MRT-Scan, Albtraum eines jeden, der an Klaustrophobie leidet, kam und ging vorbei. Während ich auf die Ergebnisse wartete, stand ich zum ersten Mal in meinem Leben vor der konkreten Möglichkeit, dass ich vielleicht nicht mehr sehr lange leben würde. Was für eine seltsame Zeit, in der ich im Geist über den schönen, gewöhnlichen Dingen des Lebens schwebte und mich fragte, wie ich jemals hatte so naiv sein können, zu glauben, das Leben ginge irgendwie immer weiter.

Endlich kam der Anruf. Bridget und ich standen zu diesem Zeitpunkt auf einem Feld und warfen einen Ball für unsere Hündin Lucy. Nach ein paar Würfen wollten wir Lucy hinten in unserem Auto unterbringen und uns in der nahegelegenen Eisdiele niederlassen, einem unserer Lieblingsorte. Mein Handy klingelte, als wir gerade den Ball aus einer üblen Schlammpfütze unter einem Baum bargen. Ich ging sofort dran. Ihr könnt Euch vorstellen, dass ich zu dieser Zeit bei jedem Anruf sofort dranging. Es war eine Frauenstimme.

„Hallo, ist da Mr. Plass? Hier ist die Klinik. Wir haben Ihre MRT-Ergebnisse.“

Manche Momente dauern ewig, nicht wahr? So war es auch jetzt. Eine absurde Sekunde lang war ich kurz davor, zu sagen, ich wolle es gar nicht wissen. Ich würde später schon noch dahinterkommen.

„Ja?“, sagte ich. „Und?“

„Keinerlei Befund. Kein Anlass zur Sorge. Okay?“

„Okay. Ich danke Ihnen – ganz herzlichen Dank.“

Wir machten uns mit Genuss über unsere Eisbecher her.

In der folgenden Woche wurde ein Bluttest gemacht. Kein Befund. Eine Woche später erbrachte ein MRT an meinen Beinen und am unteren Rücken ein weniger erfreuliches Ergebnis. Zwei Bandscheiben waren herausgesprungen und „trocken“, was immer das bedeutet. Ich brauchte eine Operation. Bis dahin würde ich mich mit Schmerzmedikamenten und Krankengymnastik durchschlagen müssen.

Aber immerhin war ich am Leben. Ich hatte mehr Glück als manch anderer. Ich lebte.

Was empfand ich gegenüber Gott, als ich ernsthaft glaubte, mein Leben würde bald zu Ende gehen? Wenn jetzt nicht die Stunde der Wahrheit war, wann dann? Ich bat ihn, mich zu heilen. Natürlich tat ich das. Ich bat ihn, meine Familie zu beschützen. Manchmal hatte ich große Angst, weniger vor der Aussicht auf den Tod als vor dem Prozess des Sterbens, und hin und wieder vor der grausigen Möglichkeit des völligen Erlöschens, der Vergessenheit. Ich habe einmal geschrieben: „Vergessenheit ist nichts, worum man sich sorgen müsste.“ Eine ironische Bemerkung, aber nur zur Hälfte scherzhaft gemeint. Ich fürchtete die Sinnlosigkeit des Erlöschens beim Tode mehr als alles andere, wie unlogisch sich das auch anhören mag.

War ich enttäuscht von Gott? Nein. Das ist die Wahrheit. Zu verdanken habe ich das Euch, all Ihr lieben Menschen, die uns erzählt haben, wie sehr Ihr Euch in qualvollen Zeiten voller Trauer, Verlust und zermürbender Härte im Stich gelassen fühltet von dem, der euch hätte beschützen sollen. Ihr habt uns geholfen, zu lernen, dass unsere geistlichen Prioritäten ernsthaft in Schieflage geraten sind, besonders in den reichen Gegenden der Welt, wo eine ganz andere Form der Armut umso verderblicher ist, weil man sie nicht sieht.

Lass es mich um Euret- und um meinetwillen ganz langsam buchstabieren. Der größte Triumph Gottes ist die Erlösung. Ja, wir wissen, dass er manchmal eingreift, aber wir wissen auch, dass wir Spatzen weiterhin zu Boden fallen werden. Das haben wir immer getan. Und wir werden es immer tun. Nicht vor dem Fallen sollten wir uns fürchten, sondern vor der Möglichkeit, dass wir vielleicht nicht aufgefangen werden.

Lasst uns tapfer sein. Lasst uns ihm vertrauen. Lasst uns weiter hoffen und glauben, dass wir, weil er uns liebt, am Ende nicht enttäuscht sein werden. Leicht wird das nicht sein.

Ein paar Tage später fuhren Bridget und ich hinunter zur Kathedrale von Ripon, noch einem Lieblingsort von uns. Seite an Seite saßen wir lange Zeit schweigend dort im Kirchenschiff, dachten nach, beteten, waren einfach da, saugten die kräftige Mischung aus Schock und Erleichterung in uns auf. Unsere schlimmsten Befürchtungen waren zerstreut, aber was würde das nächste Jahr bringen? Es war Zeit, langsamer zu werden. Zeit, zu lernen, im Augenblick zu leben, an diesem Tag, in dieser Stunde, in diesem Monat.

Ich kam zu dem Schluss, dass ein Teil dieses Prozesses darin bestehen würde, meiner Website mehr Aufmerksamkeit zu schenken. Bridget hatte recht. Ich nahm mir vor, jeden Monat einen Brief zu schreiben. So fing alles an.

JANUAR

„Liebe Freunde, Feinde und alle, die noch zwischen den Stühlen sitzen und bis Harmageddon dort bleiben werden ...“

So begann ich Anfang 2014 meinen allerersten Brief auf der neuen Website, und ich war lächerlich zufrieden mit mir selbst, dass ich endlich dazu gekommen war, ihn zu schreiben. In diesem Zusammenhang sollte ich mich herzlich bei einem Mann bedanken, den ich nur als Gordon kenne. Er betreibt mit einigen anderen zusammen in diesem Land ein christliches Website-Team namens Church 123. Gordon lauerte mir bei einer Konferenz auf, auf der ich sprach, und setzte mich davon in Kenntnis, dass meine alte und bedauernswert vernachlässigte Website von Internetpiraten gekapert worden sei. Diese platzierten „höchst unschickliche Anzeigen“ mitten zwischen meine frommen Ergüsse. Was für ein Schock! Gordon drängte mich mit viel Mitgefühl dazu, noch einmal darüber nachzudenken, ob ich mich nicht doch dazu herbeilassen könnte, mich mit „derlei Angelegenheiten“ zu befassen, wie Father Ted, eine meiner Lieblingsgestalten aus britischen Sitcoms, es in einem seiner salbungsvoll-moralisierenden Momente vielleicht ausgedrückt hätte. Jedenfalls war und ist das Team von Church 123 ausgezeichnet organisiert. Ich war das nie und werde es vermutlich auch nie sein. Allerdings war mir schon immer bewusst, dass ich einen gewissen Hang zum Suchtverhalten habe. Durchaus möglich also, dass ich, wenn ich diese Sache mit den monatlichen Briefen einmal anfing, eine überschwängliche Begeisterung dafür entwickeln würde, und es ist ja zweifellos so, dass überschwängliche Begeisterung manchmal Effizienz täuschend ähnlich nachäffen kann.

Wie gesagt, verdankte ich es auch meiner Frau Bridget, die immer wieder davon anfing, ich solle doch regelmäßig und aktuell Kontakt zu Lesern halten, die sich womöglich fragten, warum ich mir überhaupt die Mühe machte, eine Website ins Netz zu stellen, wenn ich darauf nie wirklich etwas schrieb. (Ich glaube, einmal war es so schlimm, dass der Terminplan auf meiner alten, gekaperten Website seit zwei Jahren überholt war.)

So machte ich mich also voller Erleichterung, am Leben zu sein, an meinen ersten Brief, und irgendwo da draußen gab es theoretisch eine unbekannte Anzahl von Lesern, die darauf warteten, zu lesen, was ich schreiben würde. Es war nicht leicht, wisst ihr. Ich hatte mir eine Weile lang andere christliche Websites angeschaut, um mich mit den verschiedenen Stilen und Inhalten vertraut zu machen, die bei dieser Kommunikationsform üblich sind. Was fand ich da? Nun, nachdem ich mich durch ein paar davon gescrollt hatte, fühlte ich mich an die viktorianischen Steintafeln erinnert, die man häufig an den Wänden von Kathedralen und großen Kirchen in Großbritannien sieht. Ich kann mir vorstellen, dass es in deutschen Gotteshäusern ein ähnliches Phänomen gibt.

Die Verstorbenen, von denen auf diesen Gedenktafeln die Rede ist, werden nicht nur betrauert. Nein, es ist noch viel schlimmer. Diese leuchtenden Beispiele menschlicher Vollkommenheit haben offenbar eine gähnende Kluft heulenden Elends im Leben eines jeden Menschenwesens hinterlassen, das im Umkreis von mindestens zwanzig Meilen von ihrem Zuhause lebte. So liebevoll, barmherzig, großzügig, fromm und verehrt waren diese heldenhaften Gestalten, dass man sich kaum vorstellen kann, wie ihre Angehörigen, Freunde und Mitmenschen ohne sie überhaupt überleben konnten. Und es gibt so viele von ihnen. Hat denn Gott sich einfach die am köstlichsten duftenden Rosen gepflückt und all die „faulen Eier" zurückgelassen, bis er keine Auswahl mehr hatte? (Es gibt übrigens einen olfaktorischen Zusammenhang zwischen diesen beiden Metaphern, falls ihr korinthenkackerischen teutonischen Puristen es nicht bemerkt habt.)

Jene niedergeschlagenen Hinterbliebenen müssen sich voller Trauer bewusst geworden sein, dass ihnen nun eines von zwei Dingen bevorstand. Entweder gelang es ihnen, sich zu einer Höhe der Tugend aufzuzwingen, die sie dafür qualifizierte, ebenfalls frühzeitig gepflückt zu werden, oder sie standen vor der Aussicht, sich trostlos dahinzuschleppen, bis sie die siebzig erreicht hatten und Gott sich widerstrebend an seine Seite der Langlebigkeitsvereinbarung halten musste.

Oder – und dies ist natürlich nur eine weit entfernte Möglichkeit – könnte es sein, dass diese überschwänglichen Belobigungen ein klein wenig übertrieben waren?

Was hatte das mit christlichen Websites zu tun? Nun, eigentlich nur, dass viele von denen, die ich mir anschaute, sich außerordentlich positiv anhörten, wenn ich es so ausdrücken darf. Versteht mich nicht falsch. Ich meine nicht, dass bekannte Christen gleich als Erstes auf ihrer Homepage ihre zehn schlimmsten und hartnäckigsten Sünden aufzählen sollten, so faszinierend das auch zweifellos für die Mehrzahl ihrer Leser wäre. Aber es wäre doch schön, wenn unter der Goldbeschichtung einmal ein wenig bleierne Menschlichkeit hervorlugen würde. Für mich bestand das Problem natürlich darin, dass ich, nachdem ich mich durch all diese Selbstbeweihräucherungen gewühlt hatte, ziemlich stolz auf meinen Entschluss war, diese spezielle Falle tugendhaft zu umschiffen. Ach je, man hat es nicht leicht, nicht wahr? Nachdem ich all dies meinen leidgeprüften Lesern erklärt hatte, kam ich zu dem Schluss, es wäre wohl am besten, einfach zu sagen, ich sei ein wunderbarer Mensch mit ein paar geringfügigen und interessanten Fehlern.

Und so machte ich es auch. Ich stellte klar, dass ich wirklich vorhatte, von Januar an jeden Monat einen Brief für die Website zu schreiben, um alle Interessierten an (einem Teil von) dem teilhaben zu lassen, was in der Welt der Familie Plass passiert. Zugleich erwähnte ich auch, dass ich schon immer eine kindliche Freude an den Mitteilungen hatte, die mich erreichten. Fühlt euch frei, sagte ich, mir auch von eurem Leben zu erzählen, und ich versprach, so oft und so zügig darauf zu antworten, wie ich konnte.

Es war ein gutes Gefühl, meinen ersten Brief auf die altmodische Art zu unterzeichnen. Herzlichst, Euer Adrian.

Ich freute mich schon darauf, den nächsten Brief zu schreiben.

FEBRUAR

Liebe Leute,

wer behauptet, es gäbe keine Wunder mehr in dieser säkularen Zeit, möge bitte die Tatsache zur Kenntnis nehmen, dass ich meinen Februar-Brief tatsächlich im Februar schreibe. Danke an alle, die mir während des letzten Monats geschrieben haben. Ich werde euch möglichst bald antworten.

Die Highlights dieses Monats? Nun, es gibt immer wieder Kleinigkeiten, die mich zum Lachen bringen. Neulich saß ich mit meiner Frau und einem Freund in der Eisdiele, und wir ließen uns ein „Whisky-Eis" schmecken (Whisky mit so ziemlich allem ist etwas ganz Besonderes, Whiskymarmelade bringt mich der himmlischen Seligkeit so nahe, wie ich ihr diesseits des Grabes nur kommen kann), als die Kellnerin, eine junge Polin, an unserem Tisch vorbeikam. Geleitet von dem Drang, meinem Entzücken über das Eis Ausdruck zu geben, sagte ich: „Dieses Eis ist mal was ganz anderes!"

Eine verwirrte Miene breitete sich auf ihrem Gesicht aus. Sie schaute mich an, dann das Eis, dann wieder mich. „Was denn?", erkundigte sie sich.

Ich merkte, dass ich mich mit der Redewendung vergaloppiert hatte, und versuchte es ihr zu erklären.

„Nein, nein, es ist schon Eis, es ist nichts anderes. Ich meine – ich wollte damit nicht sagen, dass es kein Eis ist. Ich meinte nur, dass es etwas ganz Besonderes ist. Das ist so eine Redewendung, es ist ..."

Mein wirrer Redeschwall versiegte, und sie zog weiter, um an anderen Tischen zu bedienen.

Es bedarf keiner Erwähnung, dass Bridget und unser Freund sich über meine Verlegenheit köstlich amüsierten.

Eigentlich hätte ich meine Lektion diesbezüglich schon vor Jahren lernen müssen. Eines Nachmittags kam Alina, die aus Aserbaidschan stammt, mit einer riesigen Teekanne in der Hand aus der Küche.

„Ah", sagte ich, „das nenne ich mal eine Teekanne."

Wieder diese verwirrte Miene. (Und wieder eine Redewendung für etwas ganz Besonderes!)

„Ich nenne das auch eine Teekanne ..."

Ich entschuldige mich bei allen in Osteuropa – im Voraus.

Für mich war einer der ernsthaften Höhepunkte des Monats der Durchbruch zu einem Punkt, an dem ich tatsächlich anfing, Freude am Schreiben des Buches zu haben, an dem ich zur Zeit arbeite. Das Buch trägt den Titel „Der Schattendoktor". Die Hauptfigur ist ein Mann, der in einem Haus tief in der Wildnis der Grafschaft Sussex in Südengland lebt. Seine Lebensaufgabe besteht darin, auf seine eigene, ziemlich ungewöhnliche Weise denen zu helfen, die mit Schatten in ihrem Leben zu kämpfen haben. Solche Schatten gibt es in allen möglichen Formen und Größen, darunter Erpressung, Trauerfälle, Glaubenskrisen, grauenhafte Nachbarn und der Verlust eines Haustieres. Unterstützt wird er in seiner Arbeit von Jack Merton, einem jungen Mann, der noch viel über die ungewöhnlichen und bisweilen bizarren Richtungen lernen muss, aus denen „Doc“ an die Probleme herangeht.

Jedes Erzählwerk, das ich schreibe, scheint damit zu beginnen, dass ich mich mühsam in eine Welt hineinschleppe, die ich noch nicht kenne und die bewohnt ist von Gestalten, denen ich noch nie begegnet bin. Ich würde sagen, diese Strecke des Weges besteht eher darin, nach einem Buch zu suchen als eines zu erschaffen. Es ist harte Arbeit. Inzwischen bin ich jedoch zuversichtlicher im Blick auf das, was dabei herauskommen wird, und freue mich jeden Tag darauf, mit der Arbeit anzufangen. Noch ein Wunder.

Ein weiterer Höhepunkt war, dass ich mir mit Bridget in der St. Mary‘s Catholic Secondary School in Newcastle in Nordengland eine Aufführung der West Side Story ansah. Unsere Tochter Kate war Koproduzentin der Show. Es war ein ziemlich ehrgeiziges Projekt, ein solches Stück mit Oberschülern auf die Bühne zu bringen, aber am Ende wurde es ein großer Erfolg. Manche der kleineren Jets und Sharks gaben sich alle Mühe, angemessen wild auszusehen, und es mangelte gewiss nicht an Begeisterung und Hingabe. Ein Problem, auf das Kate uns schon im Voraus hingewiesen hatte, war die schlechte Beziehung zwischen den beiden vierzehnjährigen Schülern, die das Liebespaar Tony und Maria spielten. Sie konnten sich einfach nicht ausstehen. Kate hatte uns erzählt, wie schwierig es gewesen war, sie auch nur dazu zu bringen, einander anzusehen, geschweige denn den Eindruck von zwei Menschen zu vermitteln, die sich leidenschaftlich liebten.

Irgendwie funktionierte trotzdem alles prächtig, besonders der Gesang. Es lag ein besonderer Schwung und eine mitreißende Energie darin, dass so viele Leute so unterschiedlichen Alters sich zusammentaten, um für die Schulgemeinschaft eine bedeutende Veranstaltung auf die Beine zu stellen. Mir kamen dabei sogar (diskrete) Tränen. Ich finde es wunderbar, wenn Leute das Gefühl haben, etwas gut gemacht zu haben, und wir waren natürlich besonders stolz auf die Leistung unserer Tochter.

Nächsten Monat müssen Bridget und ich wieder zurück ins Geschirr, um zu reisen und auf Veranstaltungen zu sprechen, und außerdem werden wir in unserer unmittelbaren Familie zwei Geburtstage feiern. Wenn ihr für uns beten möchtet: Unser Anliegen ist weiterhin, in den nächsten beiden Jahren ein gutes Gleichgewicht zwischen Arbeit und Freizeit zu finden und offen zu bleiben für alles Neue und Lohnende, das unseren Weg kreuzt.

Geht gut mit euch selbst um und seid stark, wenn ihr könnt.

Adrian

MÄRZ

Als es März wurde, war ich schon ziemlich angetan davon, wie es mit meinem neuen Briefschreibeprojekt lief. Besonders dankbar war ich dafür, dass einige sich gemeldet hatten, um mir zu sagen, dass sie diesen monatlichen Rundbrief für eine gute Idee hielten. Darunter war auch ein Mann, der sagte, es sei der Mühe wert, selbst wenn er der Einzige wäre, der ihn tatsächlich läse! Es war eines der wichtigsten anonymen Geschenke von Gott, die ich je bekommen habe, als ich den Ausdruck „Jeder ist ich" vollkommen verstand. Selbst wenn es also nur einen einzigen Gesprächspartner geben sollte, würde das völlig reichen, vielen Dank.

Den Märzbrief begann ich mit einem Gruß an die „Gemeinschaft der Fußlahmen", vielleicht deshalb, weil ich mich gesundheitlich immer noch auf steinigem und überraschend unvorhersehbarem Terrain bewegte. Nachdem eine Operation wegen der Probleme mit einer verrutschen Bandscheibe bereits angesetzt war, kontaktierte mich der Arzt kurz vor dem anberaumten Termin, um mir zu sagen, mein letztes MRT habe keine Anzeichen eines Befundes ergeben, der eine Operation erforderlich mache, und der Eingriff sei nun abgeblasen. Für medizinische Ignoranten wie mich ist eine solche Kehrtwende schwer zu begreifen, doch da ich bisher nie auch nur eine einzige Nacht in einem Krankenhausbett verbracht habe und keine Lust verspürte, mein „Entenei zu zerbrechen" (ein Kricketausdruck, den ich Euch Deutschen nicht erklären kann), wenn es nicht völlig unerlässlich war, gestattete ich mir einen gedämpften inneren Jubel.

Zumindest waren Bridget und ich wieder unterwegs, nachdem uns die Gesundheit lange Zeit zu schaffen gemacht hatte. Es ist sehr schwer, die kleinen Universen zu beschreiben, zu denen wir Zugang bekommen, wenn wir mit Gruppen und Leuten zusammentreffen, während wir durch unser oder Euer Land streifen, um unser Geblök von uns zu geben. Es gibt ja im Reich Gottes keine kleinen Leute und keine kleinen Anlässe.

Anfang März zum Beispiel fuhren wir hinunter nach High Bentham in Yorkshire (dem Heimatland Gottes, falls Ihr Euch schon immer gefragt habt, wo der Himmel eigentlich liegt), um in der Methodistenkirche einen Abend zu gestalten und am nächsten Sonntagmorgen dort zu predigen. Man kümmerte sich hervorragend um uns, und wir lernten eine faszinierende Ansammlung von Menschen kennen. Ich mag Menschen – jedenfalls meistens. Sie stellen auf eine seltsame, auf dem Kopf stehende Weise mein Selbstvertrauen wieder her. Wir fühlten uns jedem, den wir trafen, herzlich verbunden, besonders einer jungen Frau, die mir etwas von ihrer sehr problembeladenen und schmerzerfüllten Geschichte erzählte und mich dabei daran erinnerte, dass für mich der einzige Weg der nach vorn ist. Zur Wahrheit über diesen seltsamen Glauben, dem wir anhängen, gehört auch, dass wir die schwierigen, enttäuschenden, unerklärlichen, unerfüllenden Aspekte des christlichen Lebens mit annehmen und uns ihnen stellen. Sonst könnten wir auch gleich aufgeben. Und ich bin überzeugt davon, dass Gott es nicht anders haben will.

Dabei fällt mir ein, dass das Buch, an dem ich gerade schrieb, Der Schattendoktor, inzwischen in ein noch interessanteres Stadium gelangt war. Diejenigen, die selber schon einmal geschrieben haben, wird es vielleicht interessieren, dass ich bei diesem Projekt an einen Punkt gekommen war, den ich nicht mehr erlebt hatte, seit ich vor einigen Jahren einen Roman namens Das Wiedersehen geschrieben hatte. Einfach gesagt, war es so: Es kam mir immer mehr so vor, als ob ich die Geschichte nicht erfand, sondern entdeckte. Während ich diese Worte schreibe, wird mir sogleich klar, dass sie überhaupt nicht einfach zu verstehen sind. Tut mir leid. Was ich damit meine, ist, dass das Buch schon da war und da ist und nur darauf wartet, geschrieben zu werden, und dass es meine Aufgabe ist, es freizulassen und zu polieren. Das Gegenteil von einer Schreibblockade, wenn Ihr so wollt. Soweit ich gesund und bei Verstand war, konnte ich anfangen zu schreiben, sobald ich mir meine Crunchy Nut Cornflakes einverleibt hatte (ich bin sicher, diese wunderbaren Getreideflocken gibt es in Eurem großartigen Land auch), und weitermachen, bis der Schlaf oder die Wiederkunft Christi mich unterbrachen.

Damit will ich keineswegs andeuten, dass mein Buch deswegen voraussichtlich besser werden müsste als das letzte, und schon gar nicht die absurde Vorstellung nähren, Gott schriebe es für mich. So ein Glück müsste man haben. Aber es ist ein gutes Gefühl, diese Befreiung von der Mühsal. So, als könnte man die ganze Zeit Schokolade essen, ohne dass einem schlecht wird.

Während das Jahr dahineilte, wurde Bridget und mir immer stärker bewusst, dass wir so ziemlich alles, was wir haben oder jemals hatten, dafür hergeben würden, wieder einigermaßen fit zu sein. Mir ging es zwar schon viel besser, seit meine schweren Ischiasbeschwerden nach Weihnachten auf so geheimnisvolle Weise verschwunden waren, aber Bridget brauchte eine zweite Hüftoperation, und wir waren beide ein bisschen wackelig. Etwa um diese Zeit kam mir der Gedanke, dass es sein könnte, dass unsere Gesellschaft hier in Großbritannien bewusst die Augen vor der Notwendigkeit regelmäßiger Bewegung verschließt, indem wir die englische Sprache mit Metaphern und Vergleichen der Bewegung und der kraftvollen Anstrengung vollstopfen. Wem wollen wir damit eigentlich etwas vormachen? Hier sind die Ergebnisse meiner (mühelosen) Recherche. Ich vermute, die wörtliche Übersetzung ins Deutsche dieser ausgesprochen englischen Ausdrücke wird sich etwas merkwürdig und womöglich komisch anhören.

Wir springen unter die Dusche
Wir springen auf den fahrenden Zug auf
Wir stürzen uns in Spekulationen
Wir flitzen aufs Klo
Wir klatschen uns die Schminke ins Gesicht
Wir knallen uns Aftershave drauf
Wir schmeißen beim Arzt unsere Klamotten ab
Wir schlüpfen in etwas Bequemeres
Wir fallen in schlechte Gewohnheiten
Wir schleudern Beleidigungen
Wir schütteln schlechte Gewohnheiten ab
Wir brechen in Gelächter aus
Wir packen den Abwasch an
Wir schlagen uns mit Problemen herum

Wir ringen mit Entscheidungen
Wir springen in Aktivitäten
Wir hacken auf einem Punkt herum
Wir holen zu einem Punkt aus
Wir beugen die Regeln
Wir hüpfen ins Auto
Wir schmatzen mit den Lippen
Wir heben die Stimmung
Wir schlagen um uns
Wir fliegen an die Decke
Wir schleudern Beleidigungen
Wir stürzen in Verzweiflung
Wir schlagen Alarm
Wir hauen uns gegenseitig übers Ohr
Wir fangen uns eine Erkältung ein
Wir ziehen alle Register
Wir sprengen die Grenzen
Wir verschieben die Zielmarken
Wir tauchen in die E-Mails
Wir klettern ins Bett.

Und wir tragen das Gewicht der Welt auf unseren Schultern ...

Versteht Ihr, was ich meine? Wenn das alles stimmt, wenn wir tatsächlich dauernd am Springen und Flitzen und Hüpfen und Schlüpfen und Klettern und Fallen und Klatschen und Knallen und Kicken und Rennen und Platzen und Stürzen und Schlagen und Ringen und Hacken und Ausholen und Beugen und Schmatzen und Heben und Werfen und Fliegen und Fangen und Ziehen und Schieben und Schleudern und Tauchen und Tragen sind – warum gibt es bei uns dann überhaupt Leute mit Übergewicht?

Am Schluss meines Märzbriefes gratulierte ich all denen, die es geschafft hatten, meine Epistel bis zum bitteren Ende zu ertragen, und noch mehr beglückwünschte ich diejenigen Glaubensgenossen, denen es gelungen ist, neben allem anderen, was Gott ihnen gibt, auch ihre Menschlichkeit zu bewahren. Mit ihnen fühle ich mich verwandt.

APRIL

Der April-Brief ist es wert, dass ich ihn fast vollständig zitiere. Das einzige, was ich gerne hinzufügen möchte, abgesehen von einer kurzen Bemerkung am Ende, ist mein Lieblingsgedicht über diese Jahreszeit. „April Rise" wurde von Laurie Lee geschrieben, der in unserem Land unsterblichen Ruhm als Verfasser des Romanklassikers *Cider with Rosie* genießt. Das Buch solltet Ihr unbedingt lesen, wenn Ihr die Gelegenheit habt.

If ever I saw blessing in the air
I see it now in this still early day
Where lemon-green the vaporous morning drips
Wet sunlight on the powder of my eye.

Blown bubble-film of blue, the sky wraps round
Weeds of warm light whose every root and rod
Splutters with soapy green, and all the world
Sweats with the bead of summer in its bud.

If ever I heard blessing it is there
Where birds in trees that shoals and shadows are
Splash with their hidden wings and drops of sound
Break on my ears their crests of throbbing air.

Pure in the haze the emerald sun dilates,
The lips of sparrows milk the mossy stones,
While white as water by the lake a girl
Swims her green hand among the gathered swans.

Now, as the almond burns its smoking wick,
Dropping small flames to light the candled grass;
Now, as my low blood scales its second chance,
If ever world were blessed, now it is.

Hab je ich Freude in der Luft gesehn,
seh ich sie jetzt an dem noch jungen Tag,
da feuchtes Sonnenlicht limonengrün
im Morgendunst mein trübes Auge netzt.

Wie eine blaue Blasenfolie hüllt
in warmes Licht der Himmel jedes Kraut,
das saftig grün hervorspritzt. Alle Welt
schwitzt in der Knospe Sommerperlen aus.

Hab Freude ich gehört jemals, dann dort,
wo Vögel in der Bäume Schutz und Schatten
verborgen ihre Flügel schütteln, dass der Schall
als Wellenkamm an meinen Ohren bricht.

Im Dunst schwillt der smaragdene Sonnenball,
der Spatzen Lippen saugen Milch aus Felsenmoos.
Ein Mädchen, weiß wie Wasser, lässt am See
die grüne Hand zwischen den Schwänen schwimmen.

Jetzt, da von der Mandel Docht die Flammen
fallen und des Grases Kerzen zünden;

jetzt, da mein schwaches Blut zur zweiten Chance klimmt,
wenn je die Welt voll Freude war, dann jetzt.

Zauberhaft, nicht wahr? Gerard Manley Hopkins mit einer Prise Zucker darüber. Hier ist mein Aprilbrief:

Ihr lieben geistlichen Gammler und anderen Mitglieder des Stammes,

in diesem Monat war bei uns eine Menge los, und das wird auch so bleiben, besonders, wenn man bedenkt, dass wir uns eigentlich vorgenommen hatten, im April überhaupt keine Termine anzunehmen. Wie kommt das nur? Warum werden Bridget und ich immer wieder schwach, weichen gegenseitig unseren Blicken aus und schlängeln uns allmählich an eine konspirative Übereinkunft heran, wenn wir darüber reden, ob wir mitten in der Woche, wo wir uns eigentlich hätten entspannen können, 300 Meilen weit irgendwohin fahren und „einen Abend machen“ sollten oder nicht? Eigentlich gibt es dafür eine Menge guter, aber auch einen erheblichen Anteil lächerlicher Gründe. Vor allem aber liegt es, glaube ich, daran, dass wir uns über die Jahre angewöhnt haben, zu allem „Ja“ zu sagen, was unseren Weg kreuzt. Mit dieser Methode haben wir uns schon immer einen bunten Haufen positiver und negativer Dinge eingehandelt.

Uns fiel schon immer die Schilderung auf, wie ein Engel zu Maria sagt, sie sei begnadet. Daraufhin, so berichtet die Bibel, erschrak sie zutiefst. Ich schätze, so ist es den Christenmenschen und auch uns seither immer wieder ergangen. Wir waren fast noch nie auf der Jagd nach Arbeit oder Aufträgen oder Expansionsmöglichkeiten, was immer das bedeutet. Es lag immer ein Element des Schocks und des Nervenkitzels in unserer Reaktion auf Einladungen von

Verlagen, Gemeinden, Tagungen, Theatern und Fernseh- oder Radiosendungen. Warum wollten die immer, dass wir etwas für sie machten? Warum laden sie uns heute immer noch ein, wo wir beide Mitte sechzig sind? Steckt Gott dahinter? Oder ist es einfach Glück? Oder werden wir, wenn alles offenbar wird, entdecken, dass wir eben diejenigen waren, die bereit waren, für weniger Geld zu kommen, nachdem eine lange Liste bevorzugter Referenten schlau genug gewesen war, die Einladung höflich abzulehnen?

Früher hätte ich wahrscheinlich gedacht – oder behauptet, ich denke –, es liege alles an Gott, der unseren Weg leitet und uns gebraucht, um diese oder jene Botschaft zu verbreiten. Inzwischen habe ich, glaube ich, gelernt, dass es im Leben einfach nicht so läuft. Ich bin froh, dass wir immer alle Möglichkeiten wahrgenommen haben, die sich uns boten, aber es liegt kein geistlicher Wert darin, uns durch unsere schier neurotische Unfähigkeit, Einladungen abzulehnen, völlig aufzureiben. Wir sind mehr als froh (und manchmal regelrecht begeistert), wenn Gott aus unserer Arbeit ein Goldkörnchen heraussiebt, das irgendeinen anderen Menschen ein wenig reicher macht, aber das ist definitiv seine Aufgabe, nicht unsere. Unser Job ist es, unser Ding zu machen, so gut wir können, und ein bisschen umsichtig dabei zu sein, wie wir das organisieren.

Es scheint Jahre zu dauern, bis man diese ganz einfachen Wahrheiten kapiert. Bei mir jedenfalls. Kürzlich habe ich wieder einmal ein Beispiel dafür erlebt. Während der letzten vierzehn Jahre haben Bridget und ich mit drei oder vier Hilfswerken zusammengearbeitet. Zwei dieser Organisationen luden uns ein, zur Unterstützung ihrer

Arbeit nach Bangladesch, Sambia und in verschiedene Länder in Mittel- und Südamerika zu reisen. Erst kürzlich fiel mir auf, dass das mental eingeschliffene Skript, auf das ich immer zurückgreife, wenn ich über diese Reisen rede, in mancher Hinsicht mehr oder weniger auf Dingen basiert, die ich in der Vergangenheit aus dem Mund von „berühmten Christen" gehört habe. Es hört sich etwa folgendermaßen an:

„Letztes Jahr hatten wir die große Freude und das Vorrecht, im Namen von [**Namen der Organisation einfügen**] nach [**Namen des Landes einfügen**] zu reisen, um uns die großartige Arbeit im Bereich von [**Art der Projekte einfügen**] anzuschauen, die dort von Menschen ausgeführt wird, die uns mit ihrer selbstlosen Hingabe an die Bedürfnisse von [**konkrete Kategorie bedürftiger Personen einfügen**] beschämt und tief beeindruckt haben. Wir haben höchsten Respekt vor denen, die usw. usw. ..."

Das ist ja soweit schön und gut. Es fühlt sich wirklich wie ein Vorrecht an, daran beteiligt zu sein, und man begegnet dabei manch höchst beeindruckenden Leuten. Kein Zweifel. Allerdings habe ich in der Vergangenheit nie etwas von den zusätzlichen und ebenso leidenschaftlichen Aspekten meiner häufigen und meist unausgesprochenen Reaktion auf diese Einladungen erwähnt. Sie sieht etwa so aus:

„Sie wollen, dass wir nach Südamerika fliegen! Wir fliegen nach Südamerika! Juchhu! Wir hätten nie gedacht, dass wir da mal hinkommen, aber jetzt fliegen wir doch hin! Und ganz für umsonst! Ist das zu fassen? Sie bezahlen uns alle Flüge und die Hotels und alles!!!! Und nicht nur das, wir können dabei vielleicht auch noch etwas Nützliches tun. Wow! Besser kann es kaum noch kommen ..."

Das hört sich vielleicht alles ein bisschen albern an, aber vielleicht rückt es ein Problem ins Licht, vor dem viele von uns Möchtegern-Nachfolgern Jesu jeden Tag stehen. Wie können wir abgerissenen, unsteten, geistlich auf und ab fliegenden, verwundbaren Christen für Gott etwas wirklich Reines und Gutes tun? Nun, die gute oder die schlechte Nachricht, je nachdem, wie man es betrachtet, ist, dass wir das nicht können. Das schaffen wir nie. Das einzige echte Talent, das die Jünger hatten, war eine Bereitschaft nachzufolgen. Mehr haben wir auch nicht, und in gewisser Hinsicht spielt diese Armut gar keine Rolle. Gott hatte noch nie etwas anderes zur Verfügung als unvollkommene Diener, die ihr Bestes tun, um gehorsam zu sein. Heute weiß ich das, und es macht mich viel froher.

Übrigens will ich gerne zugestehen, dass andere vielleicht auf solche Dinge nur mit den reinsten Empfindungen reagieren. Vor ihnen habe ich alle Achtung.

Der letzte Absatz im Aprilbrief lud die Leser ein, auf uns zuzukommen und Hallo zu sagen, falls sie irgendeine unserer Veranstaltungen im April und Mai besuchten, besonders eine Tour, die von der Hilfsorganisation World Vision organisiert wurde. Natürlich wies ich darauf hin, es sei uns eine große Freude und ein Vorrecht – nun, leider kennt Ihr ja den Rest schon.

MAI

Aus April wurde Mai. Bewusst oder unbewusst hatten Bridget und ich keine Rücksicht auf den Druck genommen, dem alle Bereiche unseres Lebens durch unseren vollgestopften Zeitplan ausgesetzt waren. Als der Mai begann, dachten wir, wir hätten das Schlimmste überstanden. Wie sehr man sich doch irren kann! Im Rückblick kommt mir der erste Absatz des folgenden Briefs ziemlich ironisch vor, um es milde auszudrücken.

Liebe Stolpergefährten,

Bridget und ich haben endlich eine Woche erreicht, in der nichts Formelles oder Organisiertes von uns erwartet wird. Es fühlt sich ziemlich komisch an. Aber auch gut. Zum ersten Mal seit vier oder fünf Wochen habe ich mal wieder richtig geschlafen. Lag wahrscheinlich auch an der neuen Matratze. Das Phänomen wirklich bequemer Matratzen ist der endgültige Beweis, dass Gott existiert; ich kann mich also eigentlich nicht beklagen, oder?

Ich bin aber fest entschlossen, diese ruhige Woche zu nutzen, um meinen Website-Brief für Mai zu schreiben. Hier ist er also. Ich bin eigentlich froh darüber, weil mir das Gelegenheit gibt, über etwas nachzudenken, was während der Tour mit World Vision passierte, von der ich letzten Monat gesprochen habe. Bridget und ich unterhielten uns mit einem sehr netten Pärchen, das wir zuvor kennengelernt hatten, und es war eine Bemerkung der männlichen Hälfte des Duos, die mich zum Nachdenken brachte. Nennen wir ihn Martin. Martin und seine Frau folgen mit großem Eifer Jesus nach, ohne dabei den Verstand zu verlieren. Sie sind schon im Ruhestand und setzen sich nach Kräften bereitwillig für die Gemeinde ein, in die sie gehen. Es ist ein Vergnügen, mit ihnen zusammenzusein. Sehr nett. Sehr herzlich. Sie sind die Art Leute, die wir jederzeit gerne bei uns zu Hause zum Essen hätten, denn sie hören zu und lachen und schätzen die Währung der Liebe. All die Eigenschaften, die uns am wertvollsten sind.

Ich kann es nicht leiden, wenn Leute mich falsch zitieren. Deshalb werde ich versuchen, es jetzt richtig zu machen. Soweit ich mich erinnern kann, sagte Martin auf eine Bemerkung von Bridget hin Folgendes:

„Ach, aber ich komme nicht in den Himmel."

„Warum nicht?", fragte ich.

„Wegen der Dinge, die ich in der Vergangenheit getan habe", sagte Martin.

Ich schaute ihn einen Moment an, wieder einmal betroffen davon, wie häufig ich Christen begegne, denen es einfach nicht gelingt, den Gedanken, dass Sünde (was immer das bedeutet) von Gott wirklich und unwiderruflich vergeben werden kann, zu akzeptieren oder zu verinnerlichen. Bedenkt man, dass Erlösung, Vergebung, Sühne und all diese Dinge den Kern der christlichen Lehre ausmachen, erscheint es merkwürdig und bedeutsam, dass Menschen, die ansonsten hingegeben ihren Glauben leben, einfach nicht diesen entscheidenden Schritt in eine Welt moralischer Freiheit tun können. Ich antwortete Martin bei dieser Gelegenheit mit ein paar Gedanken, die er bestimmt längst vergessen hat, aber ich bin ihm dankbar dafür, dass er mich auf eine Sicht der Vergebung gebracht hat, die es sich vielleicht lohnt, in Worte zu fassen. Ich versuche es einmal.

Erstens: Vergebung ist nicht dasselbe wie „ein Auge zudrücken". Wenn wir mit Schuld belastet sind, nützt es uns nichts, wenn unser Vergehen oder unsere Vergehen analysiert oder verwässert werden. Wir haben getan, was wir getan haben, und wohlgemeinte Andeutungen, es sei „so schlimm nun auch wieder nicht" gewesen, helfen uns nicht weiter. Abgesehen von allem anderen mag das, was für den einen eine große Sünde ist, für den anderen nur ein kleiner Ausrutscher sein, aber diese Unterscheidung ist irrelevant. Wenn das Unrecht, das ich begangen habe, mich belastet, dann belastet es mich, und diese Last ist es, mit der wir fertigwerden müssen.

Wir müssen die Sache also entschlossen anpacken, wenn wir uns um Vergebung bemühen. Wir bringen unsere Vergangenheit ehrlich und ohne Beschönigung zu dem Gott, der uns Barmherzigkeit verspricht, und wir fragen ihn, wie uns zu helfen ist.

Und wie ist uns zu helfen? Lest weiter.

Im Scargill House, dem Freizeit- und Tagungszentrum, mit dem Bridget und ich seit fünf Jahren verbunden sind, steht ein lebhaft genutzter Fonds für Gäste zur Verfügung, die sich die Kosten für einen Besuch dort nicht leisten können. Dieser Fonds finanziert sich durch Spenden von Gästen und Unterstützern von Scargill, die großzügig an andere abgeben, und er ist in einem sehr gesunden Zustand.

Einer der wichtigsten Vorteile dieses Vorgehens ist, dass Scargill durch die Anwendung des Förderfonds keine Verluste erleidet. Durch die Großzügigkeit anderer ist sichergestellt, dass die Gesamtrechnung für jeden Besucher immer vollständig bezahlt wird.

Hier ist meine Überlegung. Wenn wir mit unserem ehrlichen und unerschrockenen Eingeständnis der Schuld und Sünde zu Gott kommen, lautet seine Antwort vielleicht so:

„Vielen Dank, dass du deine Last tapfer und ehrlich zu mir bringst. Du tust recht daran, dich zu deiner Vergangenheit zu bekennen, und es muss in Bezug darauf etwas geschehen. Weil ich dich schon immer geliebt habe und mir leidenschaftlich wünsche, dass du zu mir nach Hause kommst, habe ich mir eine Möglichkeit einfallen lassen, wie deine gesamte Schuld bezahlt werden kann. Der Tod und die Auferstehung meines Sohnes Jesus haben dafür gesorgt, dass genügend geistliche Mittel da sind, um deine Schuld zu bezahlen, und auch die Schulden aller anderen, die aus dem Fonds schöpfen wollen. Die Entscheidung liegt bei dir. Nimm, was er bereitgestellt hat, und mach mich glücklich. Wenn du es tust, ist es Zeit für ein Fest!"

Mir ist durchaus klar, dass diese Sicht auf die Dinge das Problem mit der Vergebung nicht für jeden löst, aber macht Euch ein paar Gedanken darüber, wenn Ihr meint, es könnte Euch helfen. Eines unserer Probleme als Menschen ist, dass es uns in vielen Fällen viel leichter fällt, zu geben als zu nehmen. Dabei sollten wir aber nicht vergessen, dass wir Gott eine große Freude machen, indem wir das Geschenk annehmen, das er uns durch Jesus macht. Insofern ist es bei Gott durchaus möglich, dass wir unseren geistlichen Kuchen aufessen und trotzdem behalten.

Apropos Kuchen, was ja ein viel wichtigeres Thema ist als Vergebung, kennt jemand vielleicht das beste Rezept für Mokka-Walnuss-Torte? Ihr wisst, was ich meine, nicht wahr? Weich und feucht, aber nicht zu grünlich. Die richtige Wahl der Geschmacksrichtung. Mit einem himmlischen Überzug. Oh je, ich spüre, wie ein Lobpreisfest in mir aufsteigt ...

Herzlichst, Euer Adrian

JUNI

Am letzten Maiwochenende hatten Bridget und ich im Scargill House wieder einmal eine Autorentagung geleitet, eine Veranstaltung, die uns immer viel Freude macht. Sachkundig unterstützt wurden wir dabei von unserem Freund Sheridan Voysey, einem Radiomoderator und Schriftsteller. Sheridans autobiografischer Roman Resurrection Year war vor Kurzem erschienen und hatte großen Beifall bekommen. Wir hatten eine sehr schöne und anregende Zeit, aber das ganze Wochenende über merkte ich, dass mit meiner Gesundheit irgendetwas nicht stimmte.

Am Sonntagabend feierten Bridget und ich den Abschluss unseres erfolgreichen Wochenendes, indem wir uns großzügig von Sheridan zu einem chinesischen Essen in der schönen Stadt Richmond in Yorkshire einladen ließen. Das Essen war wunderbar, und wir lachten viel, aber irgendetwas stimmte nicht. Vielleicht war ich einfach nur sehr müde. Wir hatten den ganzen Monat über unglaublich hart geschuftet. Ja, das musste es wohl sein. Ich war einfach ein bisschen erschöpft.

Die Nacht verbrachte Sheridan bei uns zu Hause. Der Plan war, dass er und ich am folgenden Tag weiter zu einer Konferenz fahren würden, auf der wir beide Gastredner waren. Gegen zehn Uhr morgens am Montag verließ Sheridan unser Haus, um zu der Konferenz zu fahren. Er fuhr ohne mich. Ich war auf dem Weg ins Krankenhaus in Durham. Bei einer MRT-Untersuchung stellte sich heraus, dass ich einen Schlaganfall erlitten hatte. Nicht so schlimm, wie er hätte sein können, aber schlimm genug, dass mein rechter Arm und meine rechte Hand nicht mehr zu gebrauchen waren und mein Gleichgewichtssinn erheblich gestört war.

Abgesehen von einigen wenigen Worten ganz am Anfang war der triviale Einstieg in meinen Brief für den Juni sicherlich ein vergeblicher Versuch, nicht offen aussprechen zu müssen, was passiert war. Ich kann es selbst kaum glauben. Löwenzahn?

Liebe fliegende, fallende und gefallene Spatzen,

meine Frau Bridget entschuldigt sich bei Unkräutern, bevor sie sie jätet. Allerdings nicht bei allen Unkräutern. So langsam stellt sich bei ihr hinsichtlich des Löwenzahns, der in unsere kleine Grünfläche eingefallen ist, eine gewisse Mitleids-Ermüdung ein. „Pflegeleicht" ist ja schön und gut, aber man freut sich doch wohl über so ein bisschen echtes Gras auf seinem Rasen, so hier und da, oder nicht? Diese kleinen Unflate mit ihren messinggelben Köpfchen brechen durch die Erdoberfläche, breiten ihre vulgären Blätter aus wie Handtücher am Schwimmbecken und laden dann all ihre Kumpels ein, in dieses besetzte Haus mit einzuziehen. Na, die können sich auf einen gehörigen Schock einstellen. Bridget hat ein Produkt entdeckt und gekauft, dessen schleichender Angriff eine ähnliche Wirkung auf den gemeinen Löwenzahn haben sollte wie der markerschütternde Schritt des T-Rex auf die Besucher des „Jurassic Park". Die Werbeaussage auf der grünen Quetschflasche lautet, dass ein einziger Tropfen von dem Zeug, einer Art Gel, genug sein soll, die ganze Pflanze von der Blüte bis zur Wurzel zu vernichten. Bisschen gruselig, oder?

Meine Frau ist noch nicht dazu gekommen, diese florale Entsprechung eines Völkermordes in die Tat umzusetzen, und es kann sein, dass sie es nie tun wird. Wenn ich Bridget erzähle, dass diese arglosen Löwenzähnchen sich tatsächlich für schön und begehrenswert halten, und ihr den emotional und physisch qualvollen Schock schildere, den sie erleben werden, wenn ihnen die Anwendung des grausigen Gels beweist, dass sie in Wirklichkeit hässlich und unerwünscht sind, wird sie das tödliche Gebräu wahrscheinlich für immer auf einem Regal im Schuppen verstauben lassen. Ich halte besser meinen Mund.

Ich bin ja übrigens genauso schlimm. Fehlgeleitetes Mitleid fließt aus mir heraus wie eine Flut billigen Sirups. Gerade gestern musste ich einen kaputten Tacker wegwerfen und durch einen neuen ersetzen. Ich war durch diesen verräterischen Akt am Boden zerstört und hätte beinahe die wahnsinnige Entscheidung getroffen, diesen treuen alten Gefolgsmann auf meinem Schreibtisch zu belassen, um ihm seinen wohlverdienten Ruhestand zu gönnen. Ich hätte ihm am liebsten die Gelegenheit gegeben, dem glitzernden jungen Thronräuber mit Rat und guten Tipps zur Seite zu stehen. Und meine Güte, wir reden hier von leblosen Dingen. Was ist denn los mit mir? Naja, immerhin zeigt es uns, dass wir nach 44 Jahren Ehe immerhin eine Sache gemeinsam haben. Wir sind beide verrückt.

Eine gesunde Wahrheit überlebt diesen ganzen Nonsens. Es gibt keinen Zweifel daran, dass das Unkraut des einen die duftende Blüte des anderen sein kann. Kein besonders origineller Gedanke, das gebe ich zu, aber wenn diese Vorstellung als Werkzeug in verantwortungslosem, sogenanntem „geistlichen Dienst“ verwendet wird, dann ist es vielleicht Zeit, eine Warnung anzubringen. Wir haben vor Jahren gesehen, wie so etwas passiert ist, als wir in unseren frühen Zwanzigern waren und mit Heimkindern arbeiteten. Ganze Gruppen von turbofrommen Christen fielen hin und wieder in die Einrichtung ein, erzählten den aufgewühlten jungen Leuten, dass ihr Leben sich unermesslich verändern würde, wenn sie nur Jesus in ihr Leben einluden, und verschwanden dann frohlockend wieder. Nun, natürlich nahmen einige von den unglücklichen Kleinen das an, was ihnen da als gutes Angebot erschien. Warum auch nicht? Eine Chance, Schäden zu reparieren, Schwächen zu stärken, einen neuen Anfang zu machen mit einer verwandelten Vergangenheit und zu entdecken, dass sie in Gottes Augen einen Wert hatten, den sie niemals auch nur vermutet hätten.

Die armen kleinen Löwenzähne. Am nächsten Morgen wachten sie auf und entdeckten, dass sie immer noch dieselben waren. Diese heißen Versprechen waren zu Nichts verglüht, und die Zukunftsaussichten waren genauso freudlos wie immer. Und kommt mir jetzt bitte nicht mit dem alten Quatsch, wir müssten im Glauben in Anspruch nehmen, Geschenke von Gott empfangen zu haben, von deren Eintreffen offenkundig nichts zu sehen ist. Diesen bedürftigen Kindern war die Mahlzeit versprochen worden, nicht das Rezept. Liebe in Form von Fleisch und Blut, das war es, was viele von ihnen zumindest für eine Weile brauchten, bis der steinige Boden ihrer Herzen ausreichend aufgelockert war, um zu der guten Erde zu werden, die die Chance hat, das Wachstum gesunder Liebe zu nähren.

Warum fällt es uns so schwer, denen, die es am nötigsten haben, raue Wahrheit zu vermitteln? Platte Positivbotschaften sind der Teufel höchstselbst, findet ihr nicht auch? Wir können doch nicht einfach eine Handvoll billiger Papieretiketten verteilen, auf denen nach dem Zufallsprinzip Dinge stehen wie „Du bist schön", „Gott liebt dich", oder „Bitte einfach darum, dann wirst du geheilt werden". Nicht, solange wir nicht dazu bereit sind, diesen Aussagen Substanz zu verleihen, indem wir selbst dazu beitragen, sie zu erfüllen.

Entschuldigung. Das war jetzt mehr eine Tirade als ein Brief. Das liegt vielleicht daran, dass mir diese Dinge in letzter Zeit besonders wichtig geworden sind. Letzten Monat ist durch einen Schlaganfall meine rechte Hand unbrauchbar geworden. Dazu kommt eine Neuralgie, ebenfalls aufgrund des Schlaganfalls, die mir einen ständigen pulsierenden Kopfschmerz verursacht. Ein langer Weg liegt vor uns, und die Zukunft ist ungewiss, aber die Medikamente und die harte Arbeit zeigen bereits erste Wirkungen. Was ich aber deutlich machen möchte, ist, dass sich die Liebe Gottes zu mir und zu denen, die mir nahestehen, niemals an den Umständen messen lässt, so beschissen sie auch sein mögen. Christen passieren schlimme Dinge. Sie sterben bei Autounfällen. Sie erleiden Lähmungen. Geschäfte misslingen. Träume platzen. Albträume werden wahr. Unser Anführer wurde gekreuzigt. Wenn wir unsere mickrige Theologie nicht aufpäppeln, indem wir uns diesen unausweichlichen Tatsachen stellen und sie uns zu eigen machen, dann können wir unseren lächerlichen Glauben auch genauso gut aufgeben und uns den Quatember-Bryaniten anschließen. Die bieten Kaffee und Kuchen an. Das tut's doch auch.

Nicht für mich. Ich bin immer noch total fertig, aber ich mache mich auf auf den langen Weg, Schlaganfall hin oder her.

Euer mit der linken Hand schreibender

Adrian

JULI

Liebe Freunde – und auch liebe Feinde, denen ich und die mir vergeben haben.

Immer noch total fertig.

Dieser Juli-Brief hat aus zwei Gründen Verspätung. Einer davon ist sehr düster, der andere paradoxerweise voller Licht. Das Paradox betrifft den Schlaganfall, den ich Anfang Juni erlitten habe. Lasst mich damit anfangen, dass ich im Vergleich mit vielen, die durch Krankheit außer Gefecht gesetzt worden sind, außerordentliches Glück habe. Mein alter Freund Stephen Deal zum Beispiel, ein ungemein begabter englischer Schriftsteller, hat sich nach dem Lesen des letzten Briefs auf meiner Internetseite mit mir in Verbindung gesetzt, um sein Mitgefühl zu bekunden und mich auf seine unnachahmliche Weise zu unterhalten. Ich bin ziemlich überzeugt davon, dass er ohne zu zögern seine fast vollständige Lähmung gegen meine relativ geringen Probleme austauschen würde.

Ich habe jeden Tag an meiner rechten Hand gearbeitet, die sich seit dem Schlag anfühlt, als hätte ich einen dicken Gartenarbeitshandschuh an. Es gibt langsame, aber bedeutende Fortschritte. Langsam, weil ich meiner rechten Hand alles mögliche beibringen muss, was mir bisher ganz selbstverständlich erschien. Die Erfolge klingen trivial, sind aber Ursachen großer Freude in der kleinen

Welt, die Bridget und ich im Moment bewohnen. Ich habe hart gearbeitet. Ich habe Münzen aufeinander gestapelt. Ich habe mit meiner rechten Hand Streichhölzer vom Tisch genommen und sie an einer anderen Stelle wieder abgelegt. Ich habe etwas von meinem Müsli in meinen Mund befördert und den Rest verschüttet. Ich habe mühsam unzählige Male wie ein kleines Kind in riesigen Kringelbuchstaben meinen Namen geschrieben. Meine Schnürsenkel wieder selbst binden zu können war ein Riesendurchbruch. Meine Jeans zuzuknöpfen und den Gürtel zu schließen ebenso. All das sind kleine Schritte, aber sie leiten mich auf dem Pfad hin zu meinem großen Ziel, meine rechte Hand wiederzubekommen. Meine linke Hand hilft mit, aber ich habe den Eindruck, dass sie sich ein wenig wie der ältere Bruder im Gleichnis vom verlorenen Sohn fühlt.

„Warum schenkst du diesem nutzlosen Batzen Fleisch am Ende deines rechten Arms so viel Sorge und Aufmerksamkeit, während ich dir so viele Jahre klaglos und perfekt diene und mir doch vorkomme wie ein schlecht bezahlter Handlanger?"

Das Licht in dieser Situation stammt größtenteils aus den Reaktionen, die ich von meiner Familie und darüber hinaus von Freunden und Leuten bekommen habe, die ich noch nie getroffen habe. Leute, die mir schreiben, mich anrufen oder mir E-Mails aus entfernten Teilen der Welt schicken, um mir gute Besserung zu wünschen und mich dazu zu ermutigen, die Arbeit fortzusetzen, die ich in den letzten dreißig Jahren getan habe. Es ist ein bisschen, als würde man seinem eigenen Begräbnis beiwohnen, noch bevor man gestorben ist. Ich habe mich so gewärmt und unterstützt gefühlt. Ich möchte Euch vom Grunde meines

Herzens dafür danken, dass Ihr mich mit Licht überschüttet habt.

Es überrascht Euch sicher nicht, zu hören, dass die Dunkelheit, von der ich vorhin gesprochen habe, meine Reaktion auf die globalen Nachrichten der letzten Zeit ist. Im Matthäusevangelium sagt Jesus Folgendes:

> *„Habt keine Angst vor den Menschen, die zwar den Körper, aber nicht die Seele töten können! Fürchtet vielmehr Gott, der Leib und Seele in der Hölle vernichten kann. Welchen Wert hat schon ein Spatz auf dem Dach? Man kann zwei von ihnen für einen Spottpreis kaufen! Trotzdem fällt keiner tot zur Erde, wenn es euer Vater nicht will. Bei euch sind sogar die Haare auf dem Kopf alle gezählt. Darum habt keine Angst! Ihr seid Gott mehr wert als ein ganzer Spatzenschwarm."*
>
> Matthäus 10, 26-31 (Hoffnung für alle)

Vor ein paar Tagen sind zweihundertachtundneunzig Spatzen in der Ostukraine zu Boden gefallen, darunter achtzig Jungvögel und drei Babyspatzen. Jeden Tag entfährt mir mehrere Male unwillkürlich ein Schluchzen, wenn ich an das Leid denke, das durch die MH17-Tragödie ausgelöst wurde. Wieder einmal eine Folge des Bösen, das sich gierig in die Seelen von Menschen drängt, wenn Macht in die falschen Hände gelegt wird. Ich merke, wie ich unwillkürlich rückwirkend bete, die Explosion der Rakete möge alle an Bord auf der Stelle getötet haben, aber ich weiß nicht, ob es so war.

Ich vertraue Gott, ungefähr so, wie kleine kranke Kinder ihren Eltern vertrauen, gerade wenn der Schmerz, der sie quält, ihnen dieses Vertrauen wegzunehmen droht.

Ich werde sagen, was ich glaube, und Ihr könnt es annehmen oder ablehnen, wie Ihr wollt. Ich glaube, dass jene unschuldigen Opfer eines rücksichtslosen Konflikts eine zweite Landung haben werden. Und dieses Mal wird es eine freudige Landung sein. In seinem dritten Roman Traumsammler zitiert Khaled Hosseini Dschallaluddin Rumi, einen Dichter und Mystiker des dreizehnten Jahrhunderts:

Jenseits unserer Vorstellungen
Von guten und schlechten Taten
Erstreckt sich ein Feld.
Dort werde ich dich treffen.

Ich weiß nicht, ob Jesus etwas in dieser Art zu Petrus gesagt hat, bevor er abgeführt wurde. „Jenseits der Vorstellungen von Kreuzigung und Verrat gibt es eine Stelle am Seeufer. Dort werde ich dich zum Frühstück treffen ..."

Und Jesus selbst muss nach seinem schrecklichen Erlebnis, sich von seinem Vater verlassen zu glauben, hocherfreut gewesen sein, am Ufer des Sees Genezareth zu landen. Es war gut. Alles war gut. Und dieser Landeplatz, dieses Zentrum des Labyrinths, das wir alle erforschen müssen, war auf wunderbare Weise alltäglich. Frühstück mit seinen Freunden. Mit so etwas könnte ich mich vollkommen zufrieden geben – Frühstück mit Jesus und lauter alten Freunden.

Ja, wie ein Kind, das Schmerzen hat, vertraue ich Gott, und ich glaube, dass die Spatzen von MH17 eine zweite, sanfte Landung haben werden, auf einem Feld, an einem Strand, an einem Flussufer oder in einem Garten, und ich vertraue darauf, dass alles gut werden wird.

Bevor ich zum Ende komme, will ich Euch eine Geschichte erzählen, eine Art Witz, nehme ich an, die mir eine charmante ältere Dame erzählt hat (sie war etwa in meinem Alter!). Wahrscheinlich habt Ihr sie schon einmal gehört, aber egal, ob oder ob nicht, sie scheint mir eine Frage zu beantworten, die mir häufig gestellt wird: „Was ist das Hauptproblem in unseren Kirchen?"

Wenn man die pseudo-bescheidene Klugscheißerantwort – „Ich bin's" – beiseite lässt, so könnte diese Geschichte einen Hinweis bieten.

Ein Pfarrer musste entscheiden, welche Farbe der neue Kirchenteppich haben sollte. Dieser Pfarrer hatte den Hang, alles kontrollieren zu wollen (ja, so etwas gibt es wirklich), und berief deshalb ein Komitee aus vier Leuten inklusive seiner selbst ein, von denen er glaubte, sie leicht von seiner Meinung überzeugen zu können. Der Pfarrer wünschte sich einen roten Teppich, und zwei Mitglieder der kleinen Gruppe akzeptierten seine Wahl widerspruchslos. Das vierte Mitglied der Gruppe jedoch fand, dass blau besser zu dem Gebäude passen würde.

„Finden Sie nicht", sagte er, „dass wir Gott fragen sollten, was er bevorzugt?"

Der Pfarrer stimmte zögernd zu und sprach ein flüchtiges Gebet. Sofort erklang eine donnernde Stimme vom Himmel: „ICH WILL BLAU!"

Der Pfarrer brauchte einen Moment, um sich zu erholen, aber schließlich blickte er auf und sagte: „Na, da haben wir es ja. Drei gegen zwei. Wir nehmen den roten ..."

Noch einmal vielen Dank für all die Aufmunterung und Gebete. Sie bauen mich sehr auf.

Herzliche Grüße, Adrian

AUGUST

Liebe wichtige Leute,

hier geht auch schon der August zu Ende, und gerade heute Morgen hat Bridget einen Brief von unserer guten alten staatlichen Krankenversicherung erhalten. Ende September bekommt sie ihre zweite künstliche Hüfte. Den ersten Termin dafür hatte sie aufgegeben, um sich um mich zu kümmern, sodass es nun höchste Zeit dafür wird. Wie wird sie sich freuen, endlich ihr prophetisches Pole-Dancing wieder aufnehmen zu können, jenen Dienst, durch den in der Vergangenheit schon so viele Menschenleben verändert wurden.

Sie war wirklich großartig. Ich kann es nicht erwarten, sie endlich wieder schmerzfrei zu erleben.

Wie viele andere auch hat es mich sehr traurig gemacht, als ich von Robin Williams' Tod hörte. Ich habe seine Schauspielkunst sehr genossen, besonders in *Good Will Hunting* und dem größten Teil seiner Komödien. Viel wichtiger jedoch ist, dass ich ihn wohl irgendwie geliebt habe, glaube ich. Ich kenne solche Augen, die jeden bittend anschauen, und ich habe schon solche Lippen gesehen, die sich kläglich zusammenpressen, wenn die Batterien leer sind und niemand die wichtigste Botschaft von allen aufnimmt. Shakespeares Mercutio, Marilyn Monroe, ein Junge, den ich in der Schule kannte, und Robin Williams. Vielleicht sollten wir eine neue Diagnose erfinden, um den Schmerz dieser Leute zu beschreiben. Sie ähneln Kindern, die einen Peitschenschlag fürchten, sobald ihr Auftritt vorbei ist. TBS, vielleicht? Das Tanzbärensyndrom. Genieße den Frieden, Robin McLaurin Williams.

Wo wir gerade von Humor sprechen. Die Leute fragen mich manchmal, wo ich in der christlichen Kirche Sachen zum Lachen finde. Das ist ungefähr die gleiche Liga wie zu fragen, wo ich Regen in Irland oder Bars in Brighton finden könnte. Man muss im Grunde nur vor Ort und wach sein. Diese offensichtliche Steilvorlage für einen schlechten Witz ignoriere ich jetzt aber, weil ich Euch gerne eine wahre Geschichte erzählen möchte, die mir wiederum von einer Dame berichtet wurde, die ich kürzlich getroffen habe. Sie und ihr Mann saßen in einem Straßencafé und tranken etwas. Eine Frau, die sich dazu berufen fühlte, auf der Straße Krankenheilungen zu vollbringen, näherte sich dem Paar und erbot sich, für den Mann zu beten, weil er ganz offensichtlich ein Augenleiden hatte. Das stimmte. Ein Auge war ganz in Ordnung, aber mit dem anderen konnte er kaum noch etwas sehen. Nachdem sie grünes Licht bekommen hatte, sprach die Möchtegern-Heilerin ein lautstarkes Gebet. Dabei schwenkte sie ihre Hände mystisch um den Kopf des Mannes und stieß dabei versehentlich mit dem Finger in sein gutes Auge. Sodann ging sie frohlockend ihrer Wege. Zurück blieb der Mann meiner Freundin, dessen Problem mit dem linken Auge sich nicht gebessert hatte, während er mit seinem bislang funktionstüchtigen rechten Auge nun auch fast nichts mehr sehen konnte. So etwas nennt man wohl ein umgedrehtes Wunder. Glücklicherweise hat der arme Kerl einen gesunden Sinn für Humor und ist nicht auf gerichtliche Auseinandersetzungen mit Leuten erpicht, die ihn in der Öffentlichkeit blenden. Außerdem hat sich sein rechtes Auge wieder erholt. Das ging dann also schon in Ordnung, aber vielleicht sollten Leute, die es gut meinen und für andere beten, sich wirklich darauf besinnen, dass es die *anderen* sind, die der wichtigere Teil in der Heilungsgleichung sind. Gott heilt Leute, aber nicht ganz so häufig, wie es manche behaupten.

Mein Freund Michael Mitton, ein Schriftsteller und anglikanischer Pfarrer, erzählt mir immer scherzhaft wehmütig, er habe offenbar die Gabe der „geringfügigen Linderung". Vermutlich wollen diejenigen, für die er betet, ihn nicht entmutigen, wo er doch so freundlich zu ihnen gewesen ist. Ich denke, dass ich es genauso machen würde. Michael ist so ein netter Zeitgenosse.

Für diejenigen, die so nett waren, ihre Sorge über meine Gesundheit auszudrücken: Es geht langsam weiter voran. Die Kopfschmerzen sind weg, und meine Hände haben ... nun ja, sich die Hand gereicht und sind gute Freunde geworden. Der Weg ist noch weit. Beim Sommerfest im Scargill House konnte ich in begrenztem Umfang mitmachen, solange ich mir nachmittags eine ordentliche Mütze Schlaf gönnen konnte, aber es gab auch das eine oder andere Missgeschick.

Bei einem Mittagessen erbot ich mich, für eine Frau an meinem Tisch, die Vegetarierin war, das Essen zu holen. Am Ausgabeschalter nahm ich den Teller mit dem vegetarischen Gericht in die rechte Hand, was sich nicht als ratsam erwies. Als ich mich umdrehte war es, als ob meine Hand meinem Gehirn die Gefolgschaft verweigerte. Das vegetarische Gericht flog in eine Richtung, der Teller in eine andere. Wild jonglierend schaffte ich es, den Teller aufzufangen, bevor er herunterfiel und zerbrach, aber das vegetarische Gericht war nur noch ein trauriges Häufchen auf dem Fußboden. Ziemlich peinlich, aber die Leute waren sehr nett zu mir. Ich möchte mich bei allen bedanken, die Zeugen meiner öffentlichen Blamage waren. Ihr wart sehr verständnisvoll. Überhaupt danke ich euch allen, die ihr mich so sehr unterstützt. Ihr werdet nie wissen, was eure Fürsorge und Anteilnahme mir bedeutet hat.

Herzlichst, euer Adrian

Ich habe in diesem Brief ja schon von Bridget gesprochen und dachte mir, ich sollte vielleicht noch die Neugier derjenigen lindern, die gespannt auf den Ausgang der Löwenzahn-Initiative warten. Welche Fortschritte hat sie mit unserem unkrautverseuchten Rasen gemacht? Die Antwort ist, dass das Killergel jedenfalls funktioniert hat. Vielleicht ein bisschen zu gut. Der Löwenzahn ist jetzt im Löwenzahnhimmel oder in der Löwenzahnhölle, aber das Gesamtergebnis ist nicht so ganz befriedigend. Der Rasen ist jetzt gescheckt und zeigt ein interessantes Flickenmuster aus toten braunen Stellen und solchen mit (leider nicht sehr viel) Gras.

SEPTEMBER

Für diesen Monat gab es keinen eigenen Brief. Es war eine schwere Zeit, und es widerstrebte mir, den geduldigen Lesern der Internetseite noch mehr mit meinen Nöten auf die Nerven zu gehen. Freilich hatten meine Erlebnisse während dieser Zeit auch ihre amüsanten Aspekte, aber nur im Rückblick. Ich glaube, jetzt kann ich darüber schreiben.

Der Monat September war für mich schon immer eine aufregende Zeit. Während viele andere den Abschied vom Sommer beklagen (soweit in unserem Land überhaupt von einem Sommer die Rede sein kann), erwacht in mir meist die ungeduldige Vorfreude auf einen weiteren Herbst, der für mich die prickelndste, inspirierendste Zeit des Jahres ist. Der Herbst ist für mich einer der besten Gründe, warum ich niemals irgendwohin auswandern werde, wo ewiger Sonnenschein das Klima einebnet und kaum etwas von dem Wechsel der Jahreszeiten zulässt, den ich so herrlich belebend finde.

2014 jedoch prickelte bei mir im September nichts. Infolge jenes lästigen Schlaganfalls, der sich in mein Leben hineingedrängt hatte, fühlte ich mich immer noch ausgesprochen unsicher auf den Beinen und verspürte einen Mangel an kreativer und geistiger Energie, der mir alltägliche Aufgaben und Aktivitäten deprimierend schwer machte. Ich hatte mir angewöhnt, einen kräftigen Holzstock, den ich mir irgendwo aus dem Dickicht geschnitten hatte, als hochdramatische Gehstütze zu verwenden, mit der ich ausgesehen haben muss wie eine Kreuzung aus Gandalf und Mose im greisenhaftesten Greisenalter.

Eines Tages schleppten Bridget und ich uns mühsam durch einen Park im nahegelegenen Darlington, als ein kleiner Junge auf seinem Fahrrädchen hinter uns des Wegs kam und aus vollem Halse schrie: „Alter Mann voraus!"

Natürlich meinte er es nicht böse. Er war ja nur ein kleiner Junge, der sich an diesem sonnigen Morgen des Lebens freute. Irgendwie wünschte ich fast, ich hätte ihn nicht von seinem Fahrrad geschubst, als er uns überholte.

Scherz beiseite (nein, für meine eher literalistisch gesinnten Leser sei gesagt, dass ich nicht wirklich einen tätlichen Angriff auf ein kleines Kind verübt habe), dieser harmlose Ausruf machte mich wirklich nachdenklich. Wir Menschen neigen dazu, uns vorzeitig in die Uniform der Person zu kleiden, zu der wir uns zu entwickeln glauben. In unserem Verhalten, unserer Kleidung oder unserer Einstellung schlüpfen wir allzu leicht in die Klischees, die wir bei anderen beobachtet haben. Die deutliche Gefahr dabei ist, dass wir damit das Eintreten der negativen Veränderungen, etwa des Verfalls durch Alter oder Krankheit, beschleunigen.

Ich jedenfalls nahm mir die Warnung dieses winzigen Propheten zu Herzen und versuchte, mich danach zu richten, aber vielleicht hätte ich etwas gründlicher über die Kehrseite dieser speziellen Medaille nachdenken sollen. Es ist nämlich ebenso wenig ratsam, sich in Aufgaben zu stürzen, die einem mehr abverlangen, als unsere physische und emotionale Leistungsfähigkeit zulässt. Wahrscheinlich wäre es vernünftiger gewesen, meine Tour durch Deutschland im September 2014 abzusagen.

Wie manche von Euch wissen, bin ich seit zwei Jahrzehnten oder länger jedes Jahr zu Vortragsreisen unterwegs durch Euer Land, fast immer in Begleitung meines guten Freundes und Dolmetschers Christian Rendel, der auch die meisten meiner Bücher übersetzt hat, seit in den frühen 1990ern das Tagebuch eines frommen Chaoten erschien. Von denjenigen, die ihn bei den Live-Veranstaltungen hören und die Bücher lesen, an denen er gearbeitet hat, höre ich immer wieder, Christian verfüge über eine schier geniale Fähigkeit, nicht nur den englischen Originaltext ins Deutsche zu übertragen, sondern auch unzugänglichen Humor und kulturell schwerverständliche Begriffe zu rekonstruieren. In all den Jahren, in denen wir gemeinsam unterwegs waren, haben wir viele faszinierende Menschen kennengelernt, oftmals herrlich gespeist und genau die richtige Menge deutschen Biers genossen. Was ist die richtige Menge? Nun, eben genau die Menge, die wir genossen haben. Alles klar?

Ich freue mich immer auf meine Begegnungen mit Christian, und bei dieser Reise war es nicht anders. Das war jedenfalls kein Problem. Schwerwiegender war die Tatsache, dass dies meine erste größere Exkursion zurück in die Welt des intensiven Arbeitens sein würde. Als ich am Flughafen von Newcastle ins Flugzeug stieg, fühlte ich mich körperlich angeschlagen, und mir war das Herz schwer, weil ich wusste, dass Bridget erst wenige Tage zuvor wieder nach Hause gekommen war, nachdem sie in unserem örtlichen Krankenhaus ihre zweite künstliche Hüfte bekommen hatte. Unsere Freunde und Angehörigen waren mehr als großzügig mit ihrer praktischen Hilfe und Unterstützung, und ich wusste, dass sie während meiner Abwesenheit gut versorgt sein würde. Aber ein Gedanke nagte an mir wie ein Zahnschmerz: Ich sollte da sein und helfen.

Aber das war nichts verglichen mit dem, was geschah, als ich am Flughafen Düsseldorf ankam. In meinem normalen Zustand komme ich mit Flughäfen ganz gut zurecht. Ich checke ein; ich hoffe, ein Upgrade zu bekommen; ich bekomme nie eines; ich mache das Bistro ausfindig, das meinem Abfluggate am nächsten liegt; ich mache mich mit einer halben Stunde Vorlauf auf den Weg zum Gate; ich gerate in Panik, wenn ich merke, dass ich meinen Pass und meine Bordkarte beim Bistro zurückgelassen habe; ich eile zurück zum Bistro, um sie zu finden; auf halben Weg dorthin merke ich, dass sie ja doch in meinem Handgepäck sind; ich haste stolpernd zurück zum Abfluggate, stelle mich in die Schlange, die sich bereits gebildet hat, finde schließlich meinen Platz in der Maschine und mache es mir für die Reise bequem.

Gar nicht so übel, oder? Ein bisschen funktionsgestört, aber immerhin steige ich normalerweise in das richtige Flugzeug.

Düsseldorf war ein Albtraum. Es war früher Nachmittag, als ich landete, also die Tageszeit, in der ich seit dem Schlaganfall normalerweise eine oder zwei Stunden schlafe. Mein Hirn war vernebelt, und die Schmerzen in meinen Beinen aufgrund des eingeklemmten Nervs in meinem Rücken brachten mich schier um. Ich schaute auf die Abflugtafel, fand den Flug, den ich für meinen Anschlussflug nach Hamburg hielt, und setzte mich grimmig entschlossen in Bewegung, um mir einen Sitzplatz in der

Nähe des richtigen Gates zu suchen. Es kam mir vor, als ob es etwa drei Jahre dauerte, dorthin zu kommen, aber ich vermute, dass es in Wirklichkeit nur etwa zwanzig Minuten gewesen sein können. Aber sei's drum, sobald ich mich niedergelassen hatte, würde ich nichts weiter mehr zu tun haben, bis es Zeit zum Einsteigen war.

Aufmerksame Leser dieser traurigen Schilderung werden sich an dieser Stelle bereits die eine oder andere Frage stellen. Zum Beispiel diese: Hatte ich mir meine Bordkarte angeschaut, um mich zu vergewissern, dass der auf der Tafel angezeigte Flug derjenige war, für den ich gebucht war? Nun, nein. Oder diese: Warum nicht? Gute Frage. Ich befand mich in einem schmerzhaften, verwirrenden Nebel.

Für einen Moment lichtete sich dieser Nebel. Und als sich dieses kleine Fenster der Klarheit öffnete, warf ich tatsächlich einen beiläufigen Blick auf meine Bordkarte.

Ich wartete auf das falsche Flugzeug. Und nicht nur das, sondern das Flugzeug, das ich eigentlich nehmen sollte, würde jeden Augenblick von einem Gate ganz in der Nähe der Stelle starten, wo am früheren Nachmittag meine dreitägige/zwanzigminütige Reise begonnen hatte. Mit schreckgeweiteten Augen, Seele und Leib in Panik, jagte ich zurück zum anderen Ende des Flughafens, wo ich gerade noch rechtzeitig eintraf, um herauszufinden, dass ich eine gewaltige Menge Energie, die ich gar nicht besaß, vergeudet hatte.

Mein Flugzeug war weg.

Ich fühlte mich ungefähr fünf Jahre alt. Klein, verwirrt und den Tränen nahe. Am Schalter der Fluggesellschaft erfuhr ich, dass mein Ticket nicht übertragbar war. Ich musste mir ein Neues kaufen. Wieder sank mir das Herz.

Da ich in den vergangenen Monaten so viele Termine hatte absagen müssen, war unsere finanzielle Lage, gelinde gesagt, etwas angespannt, und ich konnte ja wohl kaum die Veranstalter der Tour bitten, ein zweites Flugticket für mich springen zu lassen.

„Wie viel wird das kosten?“, erkundigte ich mich bebend.

„Einhundertunddreißig Pfund.“

„Du existierest nicht, Gott“, murmelte ich bitter vor mich hin.

Als Nächstes erwartete mich die schöne Aufgabe, mein Gepäck abzuholen, das soeben aus dem Flugzeug, welches so herzlos ohne mich in die Ferne entschwebt war, herausgeholt worden war. Das brachte mich in Kontakt mit einer Gepäckabholungsorganisation, die offenbar ähnlich wie andere Gepäckabholungsorganisationen in aller Welt fest entschlossen war, zu verhindern, dass ein Mensch tatsächlich sein Gepäck in Empfang nehmen kann. Ich schaffte es jedoch. Nach langwierigen Verhandlungen und einer intensiven beiderseitigen Analyse der Philosophie des Eigentums erklärten sich die Hüter des inneren Aufbewahrungsheiligtums widerstrebend bereit, von ihren Prinzipien abzusehen und mir meinen Koffer auszuhändigen. Ich zerrte ihn müde zum Check-in-Schalter und schleppte mich dann verbissen zur Schlange vor der Sicherheitskontrolle.

Diesmal würde mir kein Fehler mehr passieren. Nicht der kleinste. Jetzt blickte ich durch. Ich hatte meinen Pass und meine Bordkarte sorgfältig in einer Reißverschlusstasche verstaut und schaute zu, wie meine braune Schultertasche unbeirrt durch das Röntgengerät glitt, während ein Sicherheitsbeamter mich effizient abklopfte und weiterschickte. Was konnte denn jetzt noch schiefgehen?

Ein paar Sekunden später stand ich am Ende des Förderbandes, meine Schuhe und meinen Gürtel unter einen Arm geklemmt und die braune Tasche über der anderen Schulter hängend, und wartete darauf, dass mein Laptop in einer jener schwarzen Plastikschalen auftauchen würde. Es schien mir ziemlich lange zu dauern. Es schien mir sogar außerordentlich lange zu dauern. Unbegreiflich lange. Er tauchte überhaupt nicht auf.

Ich hatte meinen Laptop am Eingang zum Sicherheitsbereich vergessen.

Es ist unerlässlich, dass ich mit absoluter Fairness über den Flughafenbediensteten schreibe, dem ich an dieser Stelle begegnete. Jesus sagt, wir sollten für unsere Feinde beten, ihnen Gutes tun, mindestens vierhundertundneunzig Mal oder noch öfter vergeben und sie ganz allgemein lieben. Mein unbändiger Drang, diesen Mann in einen riesigen Shredder für Küchenabfälle zu schmeißen und zuzusehen, wie er zu einer Art Menschenpüree verflüssigt würde, mag vielleicht nicht ganz an dieses geistliche Ideal herangereicht haben, aber schließlich können wir nicht immer alles richtig machen, oder?

Er war ein hochgewachsener, gebieterisch wirkender Mann, der in mir den Eindruck erweckte, jemand zu sein, der einen großen Teil seiner freien Zeit damit verbringt, auf Berggipfeln zu stehen und schweigsam und ohne zu lächeln zum Horizont zu spähen. Jedenfalls war er schweigsam und lächelte nicht, als ich ihm begegnete, aber da ich kein Horizont war, verschwendete er nicht viel Zeit damit, mich anzustarren. Unser Gespräch verlief etwa folgendermaßen.

Ich: *(eine merkwürdige Gestalt mit wildem Blick, behängt mit allerlei Taschen und Kleidungsstücken)* Entschuldigen Sie, ich habe gerade gemerkt, dass ich meine Computertasche drüben am Eingang habe stehen lassen. Darf ich kurz zurückgehen und sie holen?

Er: *(in eintönigen Robotertonfall, etwa so wie ein sprechendes Vorschriftenhandbuch)* In diesem Fall müssen Sie alle Ihre Sachen mit nach draußen nehmen, sich wieder hinten anstellen und noch einmal durch die Sicherheitskontrolle kommen.

Ich: *(ernsthaft nahe am Zusammenbrechen)* Hören Sie, ich habe einen wirklich schrecklichen Tag hinter mir.

Er: *(an einen unsichtbaren Horizont gewandt)* Das ist nicht meine Angelegenheit.

Ich: Gewiss nicht, aber ich verstehe nicht, warum Sie so kalt und unbarmherzig sein müssen.

Er: *(ein Eisblock)* Möchten Sie noch irgendetwas sagen, was mich etwas angeht?

Ich: *(Tränen oder Wutanfall?)* Können Sie nachts überhaupt noch schlafen?

Er: *(immer noch auf derselben Seite des Vorschriftenhandbuchs)* Möchten Sie noch irgendetwas sagen, was mich etwas angeht?

Ich: *(mit sicherem Gespür dafür, dass dies vielleicht nicht der richtige Moment ist, mein Gegenüber zu einem Schritt zu dem Glauben einzuladen, der solch bewegende Wellen der Liebe, der Freude und des Friedens in seine Richtung in Bewegung setzt)* Nein. Nein. Nichts. Nein. NEIN.

Schließlich schaffte ich es doch noch mehr oder weniger vollständig bekleidet und gegürtet an Bord meines Flugzeugs, aber am Flughafen in Hamburg erwartete mich eine letzte selbst verursachte Demütigung. Nachdem ich aus dem Flugzeug ausgestiegen war, folgte ich meinen Mitpassagieren zur Gepäckabholung und schaute mich nach irgendeinem Ort um, an dem ich meine müden Knochen ein wenig entspannen könnte, bis das Gepäckkarussell sich zu drehen begänne, um die Koffer und Taschen zu ihren Eigentümern zu befördern. Warum setzte ich mich ausgerechnet auf das Karussell selbst, obwohl doch jede Menge Schilder herumhingen, die mich darauf aufmerksam hätten machen müssen, dass ich das nicht tun sollte, weil es eine ganz schlechte Idee war?

Ganz einfach. Ich bin ein erfahrener Reisender, der (im Gegensatz zu all den faden, unerfahrenen Reisenden) genau weiß, dass Gepäckkarussells sich nie in Bewegung setzen, ohne dass einige Sekunden zuvor eine laute Warnglocke oder ein Summer ertönt. Es gibt freilich eine Ausnahme von dieser Regel. Sie gilt nämlich nicht in Hamburg. Zumindest tat sie das nicht, als ich das letzte Mal dort war.

Drei Deutsche, von denen die größte und stärkste eine Frau war, waren nötig, um meinen hilflos mit Armen und Beinen rudernden Körper von dem Gepäckkarussell zu retten, das sich völlig unangekündigt und überraschend abrupt in Bewegung gesetzt hatte. Mag sein, dass ich in Christus verborgen bin, aber das meiste von mir ist für den Rest der Welt immer noch deutlich sichtbar. Wenn das Leben wie ein Karussell ist, wie es in einem Lied heißt, verzichte ich lieber darauf.

Im gleichen Stil ging die Tour weiter. Ich merkte, dass ich meine Tabletten vergessen hatte, und konnte sie nur durch die Hilfe eines alten Freundes ersetzen. Der letzte Freudenquell war die Nachricht von zu Hause, dass bei uns ein Einbrecher eingestiegen war, während ich weg war, und Bridget nun woanders von Freunden versorgt wurde.

Trotz alledem genossen Christian und ich wie immer unsere gemeinsame Zeit, und die Vortragsabende schienen gut zu laufen. Wir Christen legen ja immer gern Lippenbekenntnisse zu dem biblischen Gedanken ab, dass Gottes Kraft in den Schwachen mächtig sei, aber wenn wir das tatsächlich in der Praxis erleben – nun, dann kann einem das schon ein bisschen zu viel werden, findet ihr nicht?

Mehr habe ich über den September 2014 nicht zu sagen. Mit Ausnahme von dem, was immer Gott während dieser Zeit getan hat, habe ich den Monat zusammengeknüllt und in den Mülleimer geworfen. Allerdings möchte ich euch noch an einem der faszinierenden Probleme teilhaben lassen, die sich stellen, wenn eine Person aus einem Land versucht, die sprachlichen Besonderheiten eines anderen zu durchschauen.

Die Gemeinschaft im Scargill House hat das Glück, immer wieder junge Leute aus Deutschland zu den ihren zu zählen, meistens für ein Jahr oder so. Einer dieser liebenswerten Menschen, Eva, beherrscht wie so viele unserer deutschen Besucher das Englische aus dem Effeff. Außerdem kann sie sehr gut mit Gästen umgehen. Trotzdem gab es etwas, was Eva vor ein Rätsel stellte.

„Was heißt eigentlich ‚ish‘?“

„Was heißt was?“

„Wenn ich mit Gästen am Telefon rede und sie frage, wann sie in Scargill ankommen werden, antworten sie immer: ‚Wir haben vor, so gegen 2-ish aufzubrechen. Dann werden wir wohl so gegen 4-ish dort sein.‘ Manchmal frage ich Leute aus der Gemeinschaft, wie es ihnen geht. Dann sagen sie: ‚Okay-ish.' Das Wetter ist gut-ish. Das Curry ist scharf-ish. Neulich sagte ich zu jemandem: ‚Hast du heute Morgen viel zu tun?' Die Antwort war: ‚Ish.' Einfach nur Ish. Also, was heißt denn nun dieses ish?"

Schwer zu erklären. Ish ist ein kleines Halbwort, das wir hinten an Adjektive dranhängen, um anzuzeigen, dass wir uns nicht allzu genau darauf festlegen können, inwieweit dieses Adjektiv zutrifft. Nachdem ich Eva schließlich diese komplexe und überaus englische Wahrheit vermittelt hatte, stellte sich heraus, dass es so ein „ish" im Deutschen nicht gibt. War sie mit meiner Erklärung zufrieden? Ish.

OKTOBER

Wenn ich mir heute den Anfang meines Oktober-Briefes anschaue, fällt mir ein wütender Unterton, ja sogar eine bittere Note in jenem ersten Absatz auf. Vielleicht war das die Folge einer schlechten Nacht, verursacht durch zu viel Käse am Abend zuvor. Aber soweit ich mich erinnere, war der eigentliche Auslöser das Ausbleiben einer angemessenen internationalen Antwort auf die Berichte darüber, wie Christen im Nahen Osten durch religiöse Extremisten niedergemetzelt und vertrieben wurden. Vergeblich sperrte ich Augen und Ohren auf und wartete auf Kundgebungen des Entsetzens, Mitgefühls und Grauens, wie man sie sonst zu hören und zu sehen bekommt, wenn andere Gruppen angegriffen werden. Ich hasse das alles. Ich verabscheue alle Akte der Unterdrückung und Grausamkeit, egal, gegen welche Person, Gruppe oder Glaubensgemeinschaft sie sich richten. Allerdings scheint mir, dass Christen in der allgemeinen Wahrnehmung zunehmend bestenfalls als lächerlich und schlimmstenfalls überhaupt nicht gesehen werden. Vielleicht hat der Verfasser des Hebräerbriefs (Paulus?) das mit jenem merkwürdigen dreizehnten Vers des dreizehnten Kapitels gemeint, wo er uns auffordert, zu Jesus hinaus vor die Stadtmauern zu gehen und „seine Schmach zu tragen“? Ist das vielleicht wieder ein Beispiel dafür, wie der Urheber und Entwerfer authentischer christlicher Erfahrung sich standhaft weigert, zuzulassen, dass wir uns der Welt angleichen? Wahrscheinlich, aber der Hohn und die Antipathie, mit denen der Leib Christi von manchen Leuten betrachtet wird, sind schwer zu ertragen. Doch unsere Aufgabe ist es, dem Weg Jesu zu folgen, nicht ihn zu verändern. Lass uns freilich diese Gefühle in uns nicht unterdrücken. Jedenfalls werde ich das nicht tun. Ich werde Jesus folgen, aber ich werde immer eine Menge zu sagen haben. Gott macht das nichts aus, er ist daran gewöhnt.

Hier jedenfalls ist der Brief vom Oktober.

Liebe Freunde, Gläubige, Namensatheisten und hoffnungsvolle Reisegefährten,

in letzter Zeit kam mir der Gedanke, dass wir, die wir versuchen, Jesus nachzufolgen, ohne uns die Sache durch Selbsttäuschung und menschlichen Optimismus leichter zu machen, keine säkularen Predigten von denen brauchen, die auf die Kleider der Henker aufpassen, während diese Steine auf christliche Märtyrer werfen. Christsein ist wie das Leben in einer sehr engen Gemeinschaft, in dem Sinne, dass man sich dabei vor anderen viele Blößen gibt, nicht zuletzt, weil wir in uns selbst dieselben hochnotpeinlichen Fragen vorfinden, die oft auch gegen uns gerichtet werden. Ich schätze, die häufigste Frage ist die nach dem Leid.

In letzter Zeit sind die Nachrichten voll von Enthauptungen und Bomben und unvorstellbaren Gräueln, die von einer Gruppe von Menschen gegen eine andere begangen werden. Ich weiß nicht, wie es euch geht, aber mir kommt es so vor, als ob diese Tag-Albträume in jede Furche meines Gehirns hineinsickern. Ich verliere auch so schon leicht genug das Licht aus den Augen, ohne dass es durch ein solches Grauen, das aus dem finstersten Mordor stammen könnte, verdunkelt wird.

Vor ein paar Jahren habe ich versucht, dieses Thema in einem Roman namens *Darky Green* auszuloten, der zwar auf Deutsch, aber nie auf Englisch veröffentlicht wurde. Er handelt von einer Gruppe harmloser, aber interessanter Freunde, die sich das Missfallen eines brutalen Bandenführers aus ihrer Stadt namens Darky Green zuziehen. Als ihnen klar wird, dass Darky und seine gewalttätigen Anhänger sie früher oder später aufspüren werden, beschließen die vier Freunde Tom, Beth, Lance und Olly, dem Angriff zuvorzukommen. Sie kidnappen den körperlich eher schwächlichen Darky und bringen ihn in eine Wohnung, die sie eigens für diesen Zweck angemietet haben. Ihr Plan ist, ihn hier mit unerschütterlicher Freundlichkeit zu behandeln. Wird diese verrohte Natur von dieser Welle der „Nettigkeit" unberührt bleiben, oder besteht vielleicht die entfernte Möglichkeit, dass er sich erweichen lässt? Der Rest des Buches versucht, diese Frage zu beantworten.

In dem folgenden Auszug besuchen Tom und Beth, zwei der vier Freunde, Lance in seinem vor Büchern überquellenden Zimmer, in der Hoffnung, ihren Freund aus einer der pechschwarzen Depressionen herauszuholen, die ihn von Zeit zu Zeit befallen. Tom macht sich schon Sorgen, dieser spezielle Anfall von Hoffnungslosigkeit könnte durch einen Brief ausgelöst worden sein, den er Lance vor einigen Tagen geschrieben hat, als er selbst in miserabler Stimmung war.

„Wenn jemand euch etwas vom ‚wirklichen Leben' erzählen würde", sagte Lance endlich mit tonloser, kraftloser Stimme und schaute dabei weiter durchs Fenster hinaus, „was würdet ihr denken, wovon er redet?“

Tom und Beth wechselten einen Blick. Tom hörte auf, an seiner Hand zu nagen, hob die Augenbrauen und schüttelte den Kopf.

Beth stand auf und setzte sich neben Lance aufs Bett. „Nun ja“, sagte sie unsicher, „ich schätze, er würde von dem sprechen, was im Leben wirklich ist – oder?“

Der wohlgemeinte schwächliche Versuch einer Antwort schwebte zitternd wie eine Seifenblase durch die Luft, bis sie an Lances Büchern zerplatzte und für immer verschwand. Wieder herrschte lange Zeit Schweigen, bis Lance sein Gewicht ein wenig verlagerte, einen Seufzer durch die Nase ausstieß und weitersprach.

„Also, ich glaube, ich kann euch sagen, was damit meistens gemeint ist“, sagte er. „Ich habe in letzter Zeit eine Menge darüber nachgedacht. Es ist genauso wie mit dem Gerede von der wirklichen Welt, das man immer hört. Ihr wisst, was ich meine. Wenn jemandem etwas Unangenehmes passiert und die Leute dann sagen: ‚Willkommen in der wirklichen Welt.‘ Kennt ihr das? Dazu nicken sie dann und machen ein weises Gesicht und hören sich dabei so an, als ob es ihnen geradezu Befriedigung verschafft, dass die Person, mit der sie reden, gerade eine schlimme Zeit durchmacht oder einen fürchterlichen Schock erlebt hat oder was auch immer. Für sie bedeutet ‚wirklich‘, dass es auf keinen Fall gut sein kann. Wirklich ist immer grauenhaft. Es kann nur schmutzig oder schäbig oder verdorben oder brutal oder deprimierend bedeuten. Und jeder, der dem nicht zustimmt, ist ein Weichling, der sich Illusionen hingibt und irgendwie oberflächlich durchs Leben spaziert, weil er nicht bereit oder unfähig ist, die Dinge so zu sehen, wie sie wirklich sind."

Er nickte leicht, wie zur Bestätigung seiner eigenen Worte.

„Wisst ihr, solche Leute würden zum Beispiel sagen, dass Dinge wie Freundschaft, Treue, Einkäufe für den Nachbarn erledigen und – und zusammen über kleine Alltäglichkeiten lachen einfach nur eine Art naiver Luxus sind. Man kann sie nur haben und genießen und so tun, als wären sie echt, indem man die Augen vor der Tatsache verschließt, dass sich gleich unter der Oberfläche aller Dinge eine riesige, hässliche Schlange des Elends und der Widerwärtigkeit zusammenrollt und hungrig darauf wartet, all die kleinen, zwitschernden hübschen Dinge zu verschlingen, die sowieso niemals wirklich waren. Frieden ist ein sinnloser Traum. Gemeinschaft ist eine erbärmliche Verleugnung der Tatsache, dass letzten Endes jeder von uns vollkommen allein ist. Zivilisation ist nicht mehr als eine oberflächliche Vereinbarung, dass wir alle so tun wollen, als wären wir nicht unzivilisiert."

Schweigen.

„Aber dieser Meinung bist du doch nicht, oder, Lance?" Beth drehte mitfühlend ihre verschränkten Hände nach außen, als sie antwortete. „Du würdest doch sagen, dass die guten Dinge genauso wirklich sind wie die schrecklichen, das weiß ich." Sie dachte ein paar Sekunden lang nach, bevor sie langsam weitersprach. „Ich weiß noch, wie du mir einmal gesagt hast, dass du in den Zeiten, wenn du mitten in deinen schrecklichen Depressionen stecktest, immer vom Licht geträumt hast, aber wenn du dann – weißt du – endlich wieder ins Licht gekommen bist, nie das geringste Verlangen danach hast, das Licht wieder auszulöschen, weil das Licht der Ort ist, wo du wirklich hingehörst. Darüber habe ich immer wieder nachgedacht, seit du das gesagt hast. Das bedeutet doch wohl, dass deiner Meinung nach das Gute mächtiger ist als das Böse, oder?"

„Ich habe nie schwimmen gelernt, wisst ihr", erwiderte Lance.

Natürlich wussten sie es. Sie wussten aus Erfahrung, dass Lance sich entsetzlich davor fürchtete, im Wasser den Boden unter den Füßen zu verlieren. Außerdem wussten sie, dass von seinen scheinbar belanglosen Äußerungen immer wieder eine Schleife zurück zum Thema führte. Es war nur eine Frage der Geduld. Abwarten.

„Man sagt doch, dass zwei Drittel der Erdoberfläche von Wasser bedeckt sind, oder? Das weiß ich, seit Miss Weston es uns erzählt hat, als wir sechs waren. Erinnert ihr euch an Miss Weston?"

Sie nickten. Natürlich.

„Ich fand das schon damals ein bisschen beängstigend. Mir kam es so vor, als müsste die Welt sich nur ein bisschen verschieben oder kippen, und unsere kleine trockene Welt würde überflutet, und wir müssten alle ertrinken. Also, ich weiß, dass das Blödsinn ist, aber ein bisschen geht es mir heute immer noch so. Stellt euch vor – die Welt ist zu zwei Dritteln so beschaffen, dass ich dort gar nicht überleben könnte, es sei denn, ich säße in einem Boot oder so. Und selbst dann wäre das Meer direkt unter mir, unendlich tief und ohne Luft, ein gewaltiges, grünes, rastloses Ungeheuer, das nie ganz still stehen kann, so ungefähr wie ein Riese auf Stelzen, und das nur darauf wartet, dass ein Sturm mich aus dem Boot kippt und mich prustend und strampelnd dem Tod ausliefert. Ich kann euch sagen, dass ich gerne mit beiden Beinen fest auf dem trockenen Drittel bleibe. Ich glaube kaum, dass ich jetzt noch schwimmen lernen werde.

Nun, ich glaube nicht, dass Miss Weston ebenso detailliert darüber gesprochen hat, wie Gut und Böse auf der Welt verteilt sind, aber ich glaube, ich hatte schon damals die undeutliche Vorstellung, dass die Menschen am besten in einer Atmosphäre überleben könnten, in der es Freundlichkeit und Rücksicht auf andere und Anteilnahme an dem, was in der Welt vor sich geht, und solche Dinge gibt. So sollte es eigentlich sein. Und die andere Art von Atmosphäre, die böse, in der Menschen Schlimmes tun und sich gegenseitig verletzen, nun, davon gab es längst nicht so viel, noch viel weniger als ein Drittel. Daran habe ich mehr oder weniger mein ganzes Leben lang geglaubt, und ich war sehr froh darüber, weil ich schon immer wusste, dass ich in so einer negativen Atmosphäre ertrinken würde. Aber in letzter Zeit hat mich immer mehr so ein Gefühl beschlichen, dass ich mich geirrt haben muss, und dieses üble Gefühl hat sich um mich geschlungen wie – wie eine bösartige Schlingpflanze. Vielleicht sind ja viel mehr als zwei Drittel der Welt von Dunkelheit bedeckt. Vielleicht sind Willkür und Bosheit in Wirklichkeit ja tief im Kern das Eigentliche, und all die Dinge, die mir immer so wichtig waren – nun, vielleicht sind sie nicht mehr als ein kleines, zerbrechliches Boot, das nicht lange durchhalten kann, wenn es stürmisch wird."

Allmählich fand Tom Lances trostlose Stimmung ansteckend. Kein Wunder, angesichts der jüngsten Ereignisse. Er stützte seine Ellbogen auf die Knie und sein Gesicht in die Handflächen und versuchte sich etwas Konstruktives einfallen zu lassen, was er sagen könnte. Nachdem ihm das nicht gelang, sagte er trotzdem etwas.

„Wodurch hat sich denn das Bild für dich so sehr verändert, Lance? Ich meine – ist da etwas Bestimmtes vorgefallen, oder –"

„Eine Menge Dinge", unterbrach ihn Lance, dessen Stimme immer noch trüb und schwer und leblos klang wie eine Schieferplatte. „Unzählige Dinge. Da war zum Beispiel eine Geschichte, die ich neulich in einem Buch gelesen habe. Eigentlich war es ein sehr gutes Buch; es handelte vom Zweiten Weltkrieg. Wenn ich Geschichte sage, meine ich eine wahre Geschichte – eine Anekdote könnte man es wohl nennen – aus den Wochen kurz vor der Besetzung des Ostteils von Berlin durch die kommunistischen Truppen. Die Roten waren begierig auf Rache für die abscheulichen Verbrechen, die von deutschen Soldaten begangen worden waren, als Hitler in Russland einmarschierte. In jenem Winter waren unsäglich entsetzliche Dinge geschehen. Vergewaltigungen, Folter, Mord und – ach, alles Grauen, was man sich vorstellen kann." Ein Schauder durchlief ihn. „Diese russischen Soldaten waren bis zum Rand voll mit Rachlust. Sie brannten nur auf eine Gelegenheit, Leiden mit Leiden zu vergelten. Und natürlich hatten sie mehr oder weniger aufgehört, die Deutschen als menschliche Wesen zu betrachten. Ihr Hass war ja auch durch eine heftige Propaganda geschürt worden, wisst ihr. Deutsche wurden auf Plakaten, in Filmen und in Zeitungen als Teufel dargestellt – böse Ungeheuer, die keinen Grund und kein Recht zu leben hatten. Man musste sie vernichten und zermalmen und leiden lassen.

Eines Tages nun nahmen einige russische Soldaten einen deutschen Offizier gefangen. Irgendwie – wie, weiß ich nicht – fanden sie heraus, dass er Klavier spielen konnte. Also setzten sie ihn an ein Klavier und machten ihm mit Gebärden klar, dass er spielen sollte, und sobald er aufhörte, würde er erschossen. Und der Mann fing an zu spielen."

Lances Unterkiefer begann zu zittern. Schweigend starrte er eine Weile lang in die Ferne und bemühte sich, seine Stimme unter Kontrolle zu bringen.

„Er spielte sechzehn Stunden lang. Sechzehn Stunden! Könnt ihr euch das vorstellen? Unentwegt, die ganze Nacht hindurch, bis zur Morgendämmerung und in den nächsten Morgen hinein. Sechzehn Stunden ohne Pause. Und am Ende dieser Zeit brach er in Tränen aus und sackte über dem Klavier zusammen. Die Russen klopften ihm auf den Rücken, und dann brachten sie ihn nach draußen und – und sie erschossen ihn. Löschten ihn einfach aus. Einfach so. Nachdem ich das gelesen hatte, konnte ich die ganze Nacht nicht schlafen, weil ich immerzu darüber nachdenken musste, was dem Mann wohl alles durch den Kopf ging, während er die ganze Nacht hindurch sein ganzes Repertoire immer wieder vorwärts- und rückwärtsspielte. Seine Frau. Seine Kinder. Sein Wohnzimmer zu Hause. Sein Garten. Spaziergänge im Regen. Schlafen gehen, morgens aufstehen, all die alltäglichen Dinge, die plötzlich etwas ganz Besonderes sind, sobald einem der Gedanke kommt, dass man sie verlieren könnte. Vielleicht sagte er sich, es wäre ja noch alles drin, wenn er einfach nur immer weiterspielte. Vielleicht würde er ja befreit werden. Vielleicht würde der Krieg zu Ende gehen? Vielleicht würden sie Mitleid mit ihm haben. Vielleicht würde er aufwachen. Wenn er nur lange genug weiterspielen konnte, gab es unzählige Möglichkeiten. Aber er konnte es nicht. Und sie erschossen ihn."

Er sah Beth an, dann Tom, und in seinen Augen brannte eine verzweifelte Frage, auf die es keine Antwort gab.

„Aber wie? Wie konnten sie das tun? Wie konnte irgendjemand so etwas tun? Abgesehen von allem anderen, wie konnten sie es fertigbringen, etwas so – so blühend Lebendiges wie Musik zu nehmen und plattzustampfen und einen Trampelpfad zum Tod daraus zu machen? Und mir kam der Gedanke, dass aus der Sicht des Offiziers dieser Pfad einer war, der sich den Regeln der Perspektive widersetzte. Pfade sollten eigentlich so aussehen, als würden sie immer schmaler, je weiter sie sich entfernen, aber wenn man ihnen dann folgt, stellt sich heraus, dass sie in Wirklichkeit überall gleich breit sind. Bei diesem war das nicht so. Er wurde wirklich immer schmaler und schmaler, bis am Ende nichts mehr übrig war als ein elender Tod. Das hatten diese russischen Soldaten getan. Sie haben die Regeln der menschlichen Perspektive gebrochen. Sie haben es getan. Wir alle haben es getan. Wie konnten wir das tun? Und wenn wir so etwas tun können, nun – was für einen Sinn hat es dann noch, dass wir uns damit aufhalten, Gedichte zu schreiben oder überhaupt irgendetwas zu tun? Dann können wir doch genauso gut hier sitzen und warten, bis alles zu Ende ist. Wisst ihr, wenn es passieren konnte, was macht es dann schon für einen Unterschied, ob es tatsächlich passiert ist? Das war mein Gedanke. Dann kann es doch genauso gut tatsächlich passiert sein. Das war es, was mir durch den Kopf gegangen ist. Die wichtigsten Dinge werden bedeutungslos, wenn sie sich so leicht in nichts verwandeln lassen. Versteht ihr, was ich meine?“

„N-nicht so ganz, Lance“, sagte Beth und strich ihm mit ihrer behandschuhten Hand sanft über die Schulter.

Sie wollte es wirklich verstehen.

Tom schwieg. Er verstand nur zu gut, was sein Freund zu sagen versuchte. Etwas ganz Ähnliches hatte er in seinem Brief an Lance ausdrücken wollen. Ob er es freilich ertragen konnte, es so klar und krass in den Worten eines anderen zu hören, wusste er nicht genau.

Lance sah Beth einen Moment lang an, bevor er weitersprach.

„Vor ein paar Wochen stand ein Artikel in der Zeitung. Ich glaube, im Fernsehen kam es auch. Es war in London. Ein Mann war zu Fuß auf dem Heimweg, nachdem er länger im Büro gewesen war. Eine Gruppe von drei oder vier jungen Männern und einem Mädchen hielten ihn mitten auf einer Brücke an und sagten ihm, er solle ihnen sein ganzes Geld geben, sonst würden sie ihn ordentlich zusammentreten. Er hatte nur zehn Pfund bei sich, und die gab er ihnen. Sie meinten, er lüge, er habe bestimmt noch irgendwo etwas versteckt. Zwei von ihnen hielten ihn fest, während die anderen seine Taschen durchsuchten. Als sie feststellten, dass er die Wahrheit sagte, ließen sie ihn aber nicht gehen. Sie schleuderten ihn zu Boden und fingen an auf ihn einzutreten. Beth, Tom, sie traten ihn an den Kopf und ins Gesicht, so fest sie konnten. Stellt euch ein Gesicht vor, den Mund, die Nase, die Augen, und dann stellt euch vor, wie schwere Stiefel erbarmungslos da hineingerammt werden. Nicht nur erbarmungslos, sondern mit – Begeisterung. Versucht euch das vorzustellen. Versucht euch einmal zu der Vorstellung zu zwingen, wie ihr mit dem Fuß ausholt und mit aller Kraft in die weichen, verletzlichen Teile des Gesichtes eines Menschen tretet. Ihr werdet daran nicht einmal denken können. Nicht einmal in Gedanken könntet ihr euren Fuß dazu bewegen. Ihr werdet merken, wie euer ganzer Körper sich vor Abscheu und Ekel zusammenkrampft. Und dann stellt euch vor, wie ihr denkt, dass es richtig gut ist, das zu tun. Stellt es euch einfach mal vor.

Danach fing einer von denen an, auf seinem Kopf herumzuspringen, während die anderen drum herumstanden und lachten. Nach einer Weile hatten sie genug davon; also hoben sie auf, was von ihm noch übrig war, warfen ihn übers Geländer in den Fluss und rannten weg. Wenig später wurde er so gut wie tot aus dem Wasser gezogen. Im Krankenhaus kam er noch einmal zu sich, gerade lange genug, um mit ein paar gestammelten Worten zu erzählen, was passiert war; dann starb er auf dem Operationstisch. Zehn Pfund, Beth. Sie trampelten auf seinem Kopf herum, weil er nicht mehr als zehn Pfund bei sich hatte, die sie ihm stehlen konnten. Woher nahmen sie die Wut und den Grund und das Recht dazu? Ein ganzes komplexes Leben, voller Menschen und Aktivitäten und Hoffnungen und Pläne, einfach zu Tode gestampft von den Monstern, die zweifellos in mir genauso lauern wie in diesen vier Leuten auf der Brücke. Alles für den Preis von einer Runde Bier oder zwei Kinokarten."

Lance schüttelte den Kopf. Die Geste hatte etwas Abschließendes, als wäre seine Beweisführung lückenlos und unwiderlegbar und als erübrigte sich jede weitere Debatte.

„Lance, ich glaube, ich weiß, was du meinst, wenn du sagst, dass das Potenzial für solche Dinge in uns allen steckt", wandte Beth behutsam ein, „aber du weißt genauso gut wie Tom und ich, dass du nie im Leben so etwas Brutales tun würdest. Genauso wenig wie Tom und ich. Du bist einer der freundlichsten, warmherzigsten Menschen, die ich kenne. Daran wird sich auch nichts ändern. Ist das nicht auch die Wirklichkeit? Warum sollte das nicht genauso wirklich sein?“

„Es ist ja nicht nur das allein. Tom weiß, dass das noch nicht alles ist.“

Lance legte sein Kissen zur Seite, stieg schwerfällig vom Bett und ging hinüber ans Fenster, um hinauszustarren. Direkt gegenüber dem Haus der Wilsons stieß der ausgestreckte Finger eines großen Stadtparks auf die Straße. Die letzten Sonnenstrahlen eines kurzen Tages umschmeichelten dort die mit Laub übersäte Erde unter den Bäumen und schufen mit ihrem schräg einfallenden Glanz einen herrlichen, rot-goldenen Teppich.

„Ich habe diese Spätnachmittage im Oktober schon immer geliebt“, sagte Lance leise, „wenn die Sonne wie eine riesige, von innen beleuchtete Orange über den Horizont rollt und die Luft von dieser wunderbaren, berauschenden Mischung von Tragik und Ekstase erfüllt ist. Flammende Trauer. Inspiration mitten im Verfall. Das Gefühl, dass da wichtige Dinge sind, die man fühlen müsste, über die man nachdenken und schreiben, die man zeichnen und – und einfach genießen müsste. Alles hat eine Tiefe, voller Möglichkeiten, alles ist voller Behagen und irgendwie auf den Kopf gestellt, und der erste, schwache, aufregende Hauch von Weihnachten, wie ein echtes Kind ihn wahrnimmt, liegt in der Luft. Manchmal denke ich, wenn ich wirklich wollte, könnte ich meine Hände und Arme tief in diese Jahreszeit hineintauchen, als wäre sie ein altes Holzfass voller kräftiger, dunkler, schwerer Erde.“

Er drehte den Kopf und schaute wieder ins Zimmer. In seiner Stimme lag eine stille, hoffnungslose Gewissheit.

„Sie verderben den Herbst, wisst ihr. Diese ganzen

Leute. Sie verderben den Herbst. Sie nehmen ihm seine Bedeutung, seine Leidenschaft. All die verästelten Verbindungen zwischen ihm und allem, was ich bin. Wie Nerven in einem Körper oder Zellen in einem Gehirn. Auf alledem trampeln diese Leute herum, stampfen mit ihren Absätzen in diese feinen, schönen Dinge hinein und lachen dabei wie die Wahnsinnigen. Oder zumindest – sie könnten es tun, oder?“ Er machte eine plötzliche, wilde Geste mit einer Hand. „Vielleicht nicht heute Abend, aber morgen oder übermorgen oder überübermorgen. Und seht ihr, wenn das möglich ist, wenn das passieren könnte – nun, du hast es ja in deinem Brief selbst gesagt, Tom. Leute wie wir, die mit Vorstellungskraft gesegnet und verflucht sind, müssen uns fragen, ob es sich überhaupt lohnt, uns anzustrengen und zu versuchen, eine andere Art Mensch zu sein. Denn die Sache ist die: Es macht denen überhaupt nichts aus, diese – diese Abkürzungen zu nehmen. Und wenn ihnen das alles egal ist, dann können sie einfach auf allem herumtrampeln, nicht wahr? Es macht das Leben viel einfacher, wenn einem alles egal ist. Und wenn sie dann tatsächlich auf allem herumtrampeln, dann haben sie gewonnen. Ihr müsst doch begreifen können, was ich meine. Sie haben durch Mogelei gewonnen. So, wie wenn man beim Schach oder bei Dame das Brett umstößt, wenn man am Verlieren ist. Plötzlich existiert das Spiel einfach nicht mehr, weil sie – es zerschlagen haben, ihm den Kopf eingetreten haben. Und schon spielt das ganze andere langweilige, brillante Zeug keine Rolle mehr.“

Zum ersten Mal lag neben der Verzweiflung so etwas wie aufsteigender Zorn in Lances Stimme.

„Du hattest so Recht mit dem, was du geschrieben hast, Tom. Sie verderben einem wirklich alles – das Abenteuer, die Selbstbeherrschung, die Entschlüsse, die man fasst und wieder verwirft. Sie verderben uns unsere schwächlichen, albernen, wunderbaren Versuche, uns einen Reim auf das Leben zu machen. Sie verderben das Staunen der Kinder über Dinge wie Farben und Schnee und Sterne, die immer wieder neu sein werden, so lange es Männer und Frauen auf der Erde gibt. Sie verderben einem die Bilder und Gedichte und die Notlügen und die Aufregung, mit der man aus dem Haus stürmt, weil einem einfällt, dass irgendwo ein Regenbogen sein muss, weil es gleichzeitig regnet und die Sonne scheint. Sie verderben und besudeln und verleugnen den Wert von Menschenleben, die lang und wertvoll sind, weil sie voller Erfahrungen und Überlebensweisheit stecken. Es macht mich krank. Eine alte Dame wird zu einem lästigen, krächzenden alten Ding, einem Hindernis, das beseitigt werden muss, damit sie mehr Geld in ihre Taschen stecken können, um sich Drogen oder was auch immer zu kaufen. Also schlagen sie ihr das Gesicht zu Brei, um es zu bekommen. Ihr habt ja die Bilder in der Zeitung gesehen."

Er wandte sich wieder dem Park zu.

„So ist das nun mal. Ende der Geschichte. Sie verderben alles. Und allmählich macht mich das krank und hoffnungslos. Deswegen habe ich hier herumgesessen und nichts getan. Ich meine – was gibt es denn noch? Mir fällt nichts anderes ein, was ich tun könnte."

Nicht gerade das heiterste Stück Prosa, das ich je geschrieben habe, zugegeben, aber ich wollte einmal das Grauen in Worte fassen, das unsere Seelen umklammert in Momenten, in denen die Dunkelheit den Sieg davonzutragen scheint und all unser Gerede von Glaube, Hoffnung und Liebe sich anhört wie eine dieser kleinen Pfeifen, in die man pusten soll, wenn man mitten im Pazifik schwimmt, nachdem man aus einem Flugzeug gefallen ist.

Um aus diesem Sumpf der Verzweiflung wieder herauszufinden, braucht es als Erstes, wie bei so vielen Wegen aus der Nacht in den Tag, einen bewussten Akt der Akzeptanz. Welche schlechte Nachricht müssen wir akzeptieren, bevor wir vorwärtsgehen können?

Nun, sagen wir es ganz deutlich. All diese grauenhaften Dinge, von denen ich gesprochen habe, passieren tatsächlich. Überall auf der Welt erleiden Männer, Frauen und Kinder, ob Christen oder nicht, alle erdenklichen Arten von Krankheiten, Unfällen und herzlosen Grausamkeiten. Der Gott, an den ich glaube und der ja bekanntlich allmächtig ist und alles, was geschieht, in 3D sieht, ohne eine spezielle Brille dafür zu brauchen, scheint bei solchen Katastrophen nur herzlich selten einzugreifen. An dieser Tatsache lässt sich nichts herumdeuteln, wie sehr wir die Dinge auch verdrehen oder umdefinieren oder rationalisieren oder uns die geistlichen Rosinen herauspicken.

Aber ich lasse mich davon nicht abschrecken. Ich werde euch nicht sagen, was am Ende des Buches aus Darky Green wird. Falls das Buch beim Brendow-Verlag noch zu haben ist, könnt ihr es selbst herausfinden. Aber ich kann euch sagen, dass ich vorhabe, weiterzugehen und die Hürde dieser Akzeptanz zu überwinden, um zu einem Ort und einer Zeit zu gelangen, wo, wie ein unverhoffter Schneefall in der Nacht, winzige leuchtende Flocken der Liebe und des Lichts die Erde mit der Gegenwart Gottes überdecken. Ich mag ihn, und es ist mir lieber, ihm mit einem stramm gepackten Rucksack voller Probleme zu folgen, als mit einem hässlichen Haufen unlösbarer Fragen zurückzubleiben. Das nennt sich Vertrauen. Ich bin nicht sehr gut darin, aber ich übe jeden Tag ein bisschen. Es ist eigentlich ziemlich aufregend, wenn man es erst einmal aufgegeben hat, die Reise planen zu wollen.

Übrigens ist euch vielleicht aufgefallen, dass der arme Lance die Jahreszeit des Herbstes innig liebt. Das tue ich auch. Diese Romanze hält schon mein Leben lang an, und da ich die ersten achtzehn Jahre meines Lebens im entzückenden, blattgrünen alten Tunbridge Wells in der Grafschaft Kent verbracht habe, ist das in meiner Erinnerung der Ort, wo der Herbst zu Hause ist. Vor einigen Jahren schickte ich einem Freund ein Gedicht, das ich irgendwann während jenen achtzehn Jahren gemacht hatte. Es ist ein Versuch, meine Bewunderung gegenüber dem Gott, der eine so schmackhafte Jahreszeit erschaffen hat, auszudrücken, meine Liebe zu dieser Jahreszeit selbst und meine Hoffnung, dass eine wirklich bedeutungsvolle Freundschaft die Jahre überdauern kann. Die Mächte der Dunkelheit werden die grünen Sprösslinge der Liebe und Schönheit niemals besiegen. Der Frühling ist auch ziemlich schön.

Hier ist das Gedicht.

Der Herbst ist eine wilde Antwort
an jene, die dein brütend Herz noch immer leugnen
Flammender Tod, schwindendes Licht der Sonne
Alljährlich werden Freude, Trauer, Schmerz zu Mulch
Ein Ast, entkleidet
behutsam schwebt sein abgeriss'nes Kleid herab
bleibt liegen, umso schöner durch sein Sterben
Regen durchschwebt den Regenbogen
Der letzte Atemhauch
der leise flüsternd sagt „genug"

Erinnerungen fall'n herab wie Blätter
auf alte, holperige Pfade
so lieblich
Sieh, mein Atemhauch steht in der Luft
und du, ältester Freund, bist da
wenn nun der Abend kommt
Wir gehen durch das große Tor des Parks
den Schleichweg in die Stadt
Ein Zittern geht durch Kinderschaukeln
Die Erde, weich und schwarz und schwer
wie Weihnachtskuchen
Wir wissen, dass das Gras
wohl dieses Jahr nicht mehr geschnitten wird
Und weiter über Pflasterstraßen
durch Menschenströme
vielleicht auf eine Tasse Tee
in dem Café, das unsres war, doch sich verändert hat
Wenn auch die herbstlich-frühe Dunkelheit
hungrig durch Bleiglasfenster stiert
in denen künstliches Kaminfeuer sich spiegelt
sind wir doch gerne hier mit unserm Tee
und freun uns, dass wir wieder lachen
erleichtert, wieder wir zu sein
Mich hatte eine Angst verfolgt
es wäre alles fort
der Freundschaft Fingerspitzen kalt und taub
Doch Herbst ist eine Jahreszeit, die immer wiederkehrt
voll Hoffnung auf den Tod der Schmerzen
und das, mein Freund, werden auch wir
Geist, du hast gut gebrütet
Herbstschönheit, melancholisch
und der Frühling vor uns

In meinen Büchern sind überall kleine Anspielungen auf den Herbst verstreut. Gerade fiel mir noch eine Strophe aus einem Gedicht über den Himmel ein, die so geht:

Wenn ich einmal im Himmel bin,
sag mir, dass es dort Jahreszeiten voller Farben
geben wird,
Mohnblumen, flammensprühend
durch greises Gelb, lebendiges Grün,
und bitt're Traurigkeit des Herbstes, die mich stets
zum Weinen brachte
um das, was enden muss.
Um Winterfeuer, lodernd wie gefang'ne Sonnen,
die kalt und grau sind, wenn der Morgen kommt.
Ich liebe diesen Lauf der Jahreszeiten.

Keine Sorge. Genug vom Herbst. Genießen wir ihn einfach.

Zum Schluss des Oktober-Briefes sagte ich noch einmal Dank für die vielen freundlichen Worte der Unterstützung und Ermutigung, die ich bekommen hatte, viele davon aus Deutschland. Zu dieser Zeit des Jahres waren Bridget und ich wieder einigermaßen auf den Beinen, aber ich beschwor die Leser, sich dadurch nicht davon abhalten zu lassen, nett zu uns zu sein. Gute Wünsche, sagte ich, seien noch wirkungsvoller als Rotbäckchen-Saft, jenes vor Glukose strotzende Allheilmittel für kranke Kinder, als ich klein war.

Ganz am Ende tat ich genau das, wovon ich immer sage, dass wir es nicht tun sollten. Ich pickte mir einen passenden Bibelvers heraus, nämlich einen aus dem ersten Johannesbrief, wo es heißt, wir seien die Kinder Gottes, und der Böse herrsche über die Welt. So fühlt es sich an, nicht wahr? Und so ist es auch. Lasst uns also die Anomalien säuberlich in unsere Rucksäcke verpacken und weiterwandern. Wir sind aufeinander angewiesen.

Noch eine Sache, die mir auffiel, als ich diesen Brief jetzt wieder las, war meine eigene turbulente Haltung zu Darky Green, einem Buch, das zwar letzten Endes von Erlösung handelt, aber mehr Gewalt und unerfreuliche Dinge enthält als alles andere, was ich je geschrieben habe. Ich glaube, manche deutschen Leser waren über den Inhalt ziemlich schockiert, was ich vollkommen verstehe. Andere dagegen waren sehr angesprochen. Vielleicht taucht es ja doch in Zukunft wieder einmal auf. Es müsste einmal ordentlich zurechtgestutzt werden, glaube ich. Mir hat das Buch sehr viel bedeutet, und ich hoffe, Ihr fandet den Auszug interessant.

NOVEMBER

Um diese Zeit fand ich sehr viel Inspiration auf der Website einer Frau namens Jenny Rowbory (jkrowbory.co.uk), einer britischen Dichterin, die ein Jahrzehnt lang durch ihr chronisches Erschöpfungssyndrom ans Bett gefesselt war. Jenny hat eine außerordentlich umfassende und faszinierende Liste ihrer Lieblingsdinge veröffentlicht. Das brachte mich auf den Gedanken, dasselbe in kürzerer Form zu tun, zumal ja der letzte Brief auf meiner Internetseite düster bis zur Undurchsichtigkeit gewesen war. Ich kann auch fröhlich, wisst ihr, zumindest auf der Kurzstrecke.

Fangen wir mit dem Essen an. Der amerikanische Schauspieler Steve Martin wurde gefragt, was ihm im fortgeschrittenen Alter am meisten Freude mache. Seine Antwort war kurz und knapp: „Die Natur und *jede* Mahlzeit."

Meine Liste mag ein wenig länger sein, aber ich stimme völlig mit ihm überein, was meine täglichen Begegnungen mit Essen und die Vorfreude darauf angeht. Mein Appetit wird wohl auch das Letzte sein, was geht. Mein Lieblingsessen? Nun, wenn meine Frau das hier liest, wird sie genau wissen, was jetzt kommt. Vor ein paar Jahren verbrachten Bridget und ich ein paar Tage in der herrlichen Stadt Florenz. An einem Abend aßen wir in einem kleinen, aber sehr gemütlichen Hinterhofrestaurant, das in einem Zeitungsartikel ganz überschäumend empfohlen worden war. Der Verfasser des Artikels beschrieb seinen Hauptgang in so orgastischen Details, dass wir uns entschlossen, genau das gleiche Gericht zu bestellen.

War es gut? Nein, es war nicht gut. Es war erhaben! Denkt daran, dass ich ein überzeugter Fleischfresser bin. Versucht einmal, Euch meine Angst und Besorgnis vorzustellen, als ich mich mit der Tatsache konfrontiert sah, dass ich meinen geliebten Appetit ausgerechnet auf Ravioli verschwenden sollte. Ravioli! Und nicht nur Ravioli, sondern Ravioli *ohne Fleisch* darin. Stattdessen sollten diese kleinen Teigtaschen mit Birnen und Pecorino-Käse gefüllt sein. *Birnen und Käse*? So sehr ich Birnen und Käse auch mochte: Würde sich das nicht alles in eine Art grauen Brei verwandeln? Nein, nicht in den Händen des Küchenchefs, der irgendwo dort hinten in den Eingeweiden der Küche seinem kulinarischen Genie freien Lauf ließ. Es war – oh, alle Worte greifen zu kurz. Es ist auf jeden Fall etwas, dem der Himmel erst mal gerecht werden muss, das kann ich Euch sagen.

Wenn das nicht klappt, wäre Lammbraten, gefolgt von Apfelkuchen mit Vanillesauce und Sahne, auch sehr akzeptabel.

Lieblingsbuch? Wenn wir über Krimis sprechen wollen, die so effektiv sind wie ein heißes Schaumbad, dann gibt es keinen Zweifel darüber, wem meiner Meinung nach der erste Platz gebührt. Michael Connelly, der Schöpfer von Harry Bosch und einer Vision von Los Angeles, die teils trauriges Märchen und teils Horrorgeschichte ist, unterhält mich seit Jahren. Jedes seiner Bücher findet sich irgendwo ganz oben auf der Liste.

Ich liebe so viele Gedichte. *Fern Hill* von Dylan Thomas, *Hohenlinden* von Thomas Campbell, *Naming of Parts* von

Henry Reed, *A Hymn to God the Father* von John Donne, *On first looking into Chapman's Homer* von John Keats, *Break, break, break* von Tennyson, *Nutting von Wordsworth*, etliche Sonette von Shakespeare, *Timothy Winters* von Charles Causley, *Birch-Jumping* von Robert Frost – ich könnte endlos so weitermachen. Wenn ich mir diese wunderbaren Werke vergegenwärtige, die seit Jahrzehnten zum Mobiliar meines Geistes gehören, fühle ich mich wie ein Kind, das man in einem Süßigkeitenladen losgelassen hat (ohne dass mir dabei schlecht werden könnte).

So viele Romane, Werke von C. S. Lewis und G. K. Chesterton, brillante Kurzgeschichten von Autoren wie William Trevor, Autobiographien und Biographien ... Mein Favorit in diesem letzteren, weiten Genre ist der Bericht des Dichters John Brinnin darüber, wie er die Vortragsreisen des Dichters Dylan Thomas in Amerika in den Jahren vor dessen Tode organisierte und erduldete. *Dylan Thomas in Amerika* ist süß und schmerzvoll und ehrlich und tragisch, ein wunderbares Buch.

Autoren, die mich am stärksten beeinflusst haben? Ich glaube, ich würde sagen, dass Richmal Cromptons William-Bücher (die für Kinder geschrieben wurden, aber auch bei Erwachsenen sehr beliebt sind) mich mehr oder weniger gelehrt haben, wie man schreibt. Ich habe sie als Kind und als Erwachsener alle gelesen und liebte sie sehr. Ich sage Euch, ich lebte in diesen Seiten, und ich saugte den Stil und die Stimmung bis ins Mark meines Wesens auf. Danke, Richmal.

Viel später fütterte das natürliche Genie eines James Herriot in seinen charmanten, unterhaltsamen Geschichten über das Leben als Tierarzt in Yorkshire meine Liebe zum Humor und zur Schönheit des Alltäglichen. Ich werde nie auch nur bis auf eine Meile an diese sanfte Kunst herankommen, aber auch nur zu wissen, dass es möglich ist, war sehr hilfreich für mich. Danke, Alf. (James Herriots wirklicher Name war Alf White.)

Ein weiterer Favorit? Okay. Wie sieht es mit Filmen aus? Sehr schwer. Neulich schauten wir „Besser geht's nicht", den Oscar-prämierten Film mit Jack Nicholson und Helen Hunt. Ich hatte vergessen, wie brillant dieser Film ist. Drehbuch, Schauspiel, Regie, alles. Plötzlich springt der Film an die Spitze meiner persönlichen Hitliste, und „Die Verurteilten", „Zimmer mit Aussicht", „The Commitments" und verschiedene andere müssen sich alle irgendwo dahinter einordnen.

Ganz schnell noch, meine Lieblingstätigkeit? Ich glaube tatsächlich, dass ich wohl das Zusammensein mit meiner Frau, ob beim Arbeiten oder beim Entspannen, mehr genieße als alles andere auf der Welt. Nur gut, nicht wahr?

So endete meine Liste im November, aber da sich jetzt die Gelegenheit bietet, möchte ich noch etwas hinzufügen. Ich liebe besonders jene Momente, in denen ich mitten in den Zweifeln und Nöten, mitten in der Angst um die Zukunft der Gemeinde und der Verwirrung über das Handeln oder Nichthandeln des Heiligen Geistes in meiner unmittelbaren Umgebung einen jener seltenen Blicke des lächelnden Angesicht Gottes erhasche. Bridget und ich leiteten kürzlich ein Wochenende unter dem Titel *Das lächelnde Angesicht Gottes*. Während dieser drei Tage machten wir die Erfahrung, dass ich bei weitem nicht allein bin mit meiner Sehnsucht danach, mehr von diesem besonderen Phänomen zu sehen.

Ein kurzes Beispiel für jene kostbaren Momente.

Als neunzehnhundertsechsundneunzig meine Mutter

starb, war ich am Boden zerstört. Während der folgenden Jahre nahm allmählich ein kurzes Gedicht in meinen Gedanken Gestalt an, das sich aber bis vor relativ kurzer Zeit beharrlich weigerte, niedergeschrieben zu werden. Es geht darin um ein kleines Erlebnis, das für mich alles andere als klein war. Hier ist es:

Am Tag, als meine Mutter starb,
saß ich an einem See und fluchte.
Ihr hättet sehen solln, wie jenes Wort über
das Wasser hüpfte
gleich einem flachen weißen Stein.
Gott fing es auf am andern Ufer.
Er kam damit rund um den See und legte es
in meine Hand.
„Das geb ich dir zurück", sprach er,
„den Schmerz behalte ich."
Dann lächelte er freundlich
und setzte sich ein Weilchen neben mich.

Ich beendete den Brief mit der etwas überflüssigen Bemerkung, nun sei bald Weihnachten. Da es für uns ein hartes Jahr gewesen war, freuten wir uns auf eine ruhige, genussreiche Zeit mit unserer Familie, wenn wir alle im Dezember zusammenkommen würden.

Außerdem wünschte ich allen meinen Leserinnen und Lesern Glück oder wenigstens einen richtig guten Ort zum Verstecken. Mir ist sehr wohl bewusst, dass es eine Menge Leute gibt, die die ganze Zeit um Weihnachten und Neujahr am liebsten im Winterschlaf verbringen würden. Dürften sie das? Ah, das ist die knifflige Frage.

DEZEMBER

Meinen Dezember-Brief zu schreiben, machte mir richtig Spaß. Manchmal kann der Akt des Schreibens die reinste Freude sein. Solche Momente sind rar. Dies war eine dieser Gelegenheiten.

Liebe Weggefährten am Ende des Jahres,

lasst mich mit einer kleinen Beschreibung anfangen. Ich sitze in meinem Büro und schreibe diesen Brief auf einem neuen Laptop, gesponsert mit erstaunlicher Großzügigkeit von einem Seelsorger, der kürzlich einen Kurs von Bridget und mir in Scargill besuchte. Mein alter Laptop (möge er in Frieden weiterhin Fehlermeldungen produzieren) war zwei Wochen zuvor endlich durch ein neues Modell ersetzt worden, nur um wenig später wieder aus dem wohlverdienten Ruhestand hervorgezerrt zu werden, als der Thronräuber von Einbrechern gestohlen wurde. Mein großzügiger Freund bemerkte den Zustand meines ramponierten PCs und machte es mir möglich, den Laptop zu kaufen, den ich in diesem Moment nutze. Dafür bin ich sehr dankbar.

Noch eine Beschreibung. Auf der Fensterbank vor mir lehnen sich zusammengestellte Fotos meiner Kinder gegen die Scheibe und erinnern mich daran, dass wir in der kommenden Woche für ein paar Tage alle zusammen sein werden, um Weihnachten zu feiern. Draußen, im „pflegeleichten" Garten (es gibt nichts dergleichen) kämpft unsere lächerlich große Yuccapalme wie ein gewaltiges grünes Feuerwerk mit dem Wind, der, wie wir aus Erfahrung wissen, nie für alle günstig steht, jedenfalls nicht die ganze Zeit.

Ja, Weihnachten kommt, und der beißende Wind des Terrorismus hat nichts Gutes über Hunderte von Kinder und Lehrer im weitentfernten Pakistan gebracht. Wir kennen ein paar Leute aus Peschawar und können uns vorstellen, wie es ihnen das Herz zerreißen muss. Vor 2000 Jahren hätten die Menschen, die diese Gräueltat angezettelt und geplant haben, einen sehr vergnüglichen Abend mit König Herodes verbringen und Erfahrungen austauschen können.

„Ja, du hast recht. So, und nur so, können wir das Problem lösen. Das muss man gleich plattmachen, bevor die Bedrohung noch größer wird. Die Kinder ausmerzen. Sicherstellen, dass sie nicht aufwachsen und Vorboten der Unabhängigkeit, des Wohlwollens und der Chancengleichheit werden. Die sollen bloß nicht das Leben leben, wie es immer gemeint war. Verstreut ihre blutenden Körper, damit die anderen die Botschaft verstehen. Zeigt ihnen, dass wir am Ende diejenigen sind, die gewinnen werden."

Tatsächlich werden sie nicht gewinnen. Herodes schaffte es nicht, Jesus zu zerstören, das Herz der Liebe und der Hoffnung, und obwohl sie seinen widerstandslosen Körper an ein Stück Holz hämmerten, schafften es auch diejenigen nicht, die sich miteinander verschworen hatten, um ihn zu vernichten. Liebe und Hoffnung werden immer wieder auferstehen, ganz egal, wie oft die Menschheit versucht, sie zu kreuzigen. Es wird immer wieder eine Malala geben, die sich mutig vor die ganze Welt stellt, bewaffnet alleine mit dem Wunsch nach Frieden und der stillen Entschlossenheit, das Böse niemals siegen zu lassen, wie sehr es auch fauchen und die Zähne fletschen mag.

Das Entscheidende ist, dass Jesus immer da war, immer da ist und immer da sein wird, nicht nur in der Weihnachtszeit, sondern zu jeder Zeit und an jedem Ort, wo Schatten drohen, Traurigkeit einen wie in einen Mantel einhüllt und Fehler unvermeidlich erscheinen. Immer und immer wieder, jetzt und bis ans Ende der Zeit, wird Jesus geboren werden.

Am Weihnachtstag neigt sich die Welt mal wieder
ihrem Ende zu
Doch Jesus wird geboren
Die Frau, die wieder mal den Morgen neu
erschaffen wollte
Ist endlich ausgehöhlt von Niederlagen,
die von innen an ihr fraßen
Und ihre Trauer weht, zerrissnen Bändern gleich
Durch Straßen der Verwüstung
Und Jesus wird geboren
Ein kleines Kind, das keine Feuchtigkeit mehr übrig hat
Für etwas, das so völlig sinnlos ist wie eine Träne
Starrt staunend auf zum glühend heißen Himmel
Mit einem Blick, so leer und reglos wie der seiner Mutter
Und wünscht sich, weitab jenseits aller Furcht
Die Dunkelheit möge herab sich senken
Und Jesus wird geboren
Und irgendwo in einer kalten, tristen Zelle träumt
ein Mann von Alltagsseligkeit
Vom Wandern, Essen, Lächeln, einem Buch,

von der Gelegenheit,
Zu spüren, wie sich eine Hand vertrauensvoll
in seine legt
Klein und weich und eingerollt wie eine Blüte
in der Nacht
Die überwältigende Unschuld, die das Heil verheißt
und nie gelogen hat
Doch ihn nicht rettet vor dem Morgen und der Stunde
Wenn schwere Stiefel draußen auf dem Gang
heranmarschieren
Und Jesus wird geboren
Und in der hallend leeren Kirche sitzt ein hallend leerer Priester
Staubig und trocken wie ein edelsteinbesetzter Kelch,
zur Sicherheit für immer weggeschlossen
Und seufzt und sammelt die verstreuten Wahrheits-
fetzen
Die Überbleibsel eines alten, längst vergessnen Traums
Gedanken, Worte, mürb wie Herbstblätter
nach einem Jahr des Sterbens
Unter der sengend heißen Sommersonne
Und wieder einmal ist er froh und dennoch so betrübt
Dass sie, die sorgsam seine Splitter sich von ihren
Sonntagskleidern wischen
Den fernen Schrei der Panik niemals hören werden
Und Jesus wird geboren
Vorn an der Straßenecke reibt das Gottesebenbild
Sich ihre Arme, um die Kälte abzuhalten
Und atmet tief den Rauch der Zigarette
Um bald schon, müde resignierend, den Erfolg
zu grüßen
Von einem wieder aufgelegten Vortagslächeln
spärlich aufgehellt

Und schlägt sich mühsam aus dem Kopf,
was man ihr sagte
Als jemand noch am Steuer saß und eine Wahl bestand
Und es noch Hoffnung gab
Und Jesus wird geboren
Ja, Jesus wird geboren
Auch wenn die Nacht uns einhüllt wie ein schwarzes
Leichentuch
Und Lügenvaters Lügen uns die Ruhe rauben
Und uns aus unsren Betten treiben
Und auf die Knie sinken lassen
Auf kalten Kacheln in der Küche
Jesus wird geboren
Ja, auch wenn der Himmel reißt
Und sein Gewölbe wankt
Und tief im Kern der Welt die Glut erstirbt
Der letzte Strohhalm uns aus unsern Fingern gleitet
Wenn alles endgültig verloren ist
Dann streckt sich eine Kinderhand aus einer Krippe
nach uns aus
Eine durchbohrte Hand fängt unsre Tränen auf und
hält sie fest
Denn Jesus wird geboren immer neu am Weihnachtstag

Von ganzem Herzen wünsche ich Euch das Allerbeste zu Weihnachten und für das neue Jahr. Bitte gebt nicht auf. Alles wird gut werden.

Herzlichst,
Adrian

POSTSKRIPTUM

Ich blicke auf jene zwölf Monate mit einer Mischung aus Verwirrung und Erleichterung zurück. Dabei denke ich immer wieder an diesen Abschnitt aus dem fünften Kapitel des Johannesevangeliums:

„Darum waren die Juden noch mehr darauf aus, ihn zu töten, weil er nicht nur den Sabbat brach, sondern auch Gott seinen Vater nannte und sich damit Gott gleichstellte. Jesus aber sagte zu ihnen: Amen, amen, ich sage euch: Der Sohn kann nichts von sich aus tun, sondern nur, wenn er den Vater etwas tun sieht. Was nämlich der Vater tut, das tut in gleicher Weise der Sohn. Denn der Vater liebt den Sohn und zeigt ihm alles, was er tut, und noch größere Werke wird er ihm zeigen, sodass ihr staunen werdet."

Johannes 5, 18-20 (Einheitsübersetzung)

Ich denke, wenn wir uns wirklich Mühe geben, nur das zu tun, was wir den Vater tun sehen, dann sieht das vielleicht manchmal ein bisschen seltsam und unverständlich aus, wie ein riesiges Puzzlespiel, das keinen Sinn zu ergeben scheint. Das letzte Jahr fühlt sich für mich so an.

So ein riesiges Puzzlespiel, das keinen Sinn zu ergeben scheint, könnt Ihr auch sehen, wenn Ihr die Kathedrale von Winchester in der Grafschaft Hampshire besucht. Sie ist ein wirklich verblüffender Anblick. Wenn Ihr durch das Westportal eintretet, geht ein paar Schritte vorwärts, dreht Euch dann um und schaut nach oben, und Ihr werdet sofort sehen, was ich meine. Jenes gewaltige Fenster besteht aus alten Glasbruchstücken, wahllos zusammengesetzt auf eine Weise, die faszinierend an modernere Mosaiken erinnert. Die ursprünglichen Fensterscheiben wurden nach dem Ausbruch des englischen Bürgerkriegs 1642 von Oliver Cromwells Streitkräften mutwillig zerstört. Schon bald nach der Wiederherstellung der Monarchie im Jahr 1660 sammelte man in der Hoffnung, das Original wiederherstellen zu können, die Glassplitter ein. Aber offensichtlich war der Schaden zu groß für ein Puzzlespiel. Doch das Fenster musste wieder eingesetzt werden, ob die Anordnung der Bruchstücke einen Sinn ergab oder nicht. Aus purer Notwendigkeit und leidenschaftlicher Entschlossenheit kamen jene Menschen der modernen Collagekunst um Jahrhunderte zuvor.

In unserer Zeit ist, soweit wir wissen, Gott die einzige Person, die tatsächlich weiß, was dieses Fenster ursprünglich einmal darstellte. Solche zerschlagenen Bilder gibt es zuhauf im Leben vieler, vieler Christen, und Bridget und ich wissen genau, wie bedrohlich und verwirrend das sein kann. Unsere Hoffnung und unser Gebet ist, dass Gott eines Tages all die scharfkantigen Splitter wieder zusammensetzt und dass die ganze Sache dann einen Sinn ergeben wird. Worte sind billig. Vertrauen nicht.

Behaltet die Nerven. Wir haben einen weiten Weg vor uns. Bitte gebt nicht auf

Verwendete Bibelübersetzungen:
Einheitsübersetzung der Heiligen Schrift